WALDEMAR ZEILER
mit Katharina Höftmann Ciobotaru

UNFUCK THE ECONOMY

Eine neue Wirtschaft und ein neues Leben für alle

Mit einem Vorwort
von Maja Göpel

GOLDMANN

Bei diesem Buch wurden die durch das verwendete Material und die Produktion entstandenen CO_2-Emissionen ausgeglichen, indem der Goldmann Verlag ein Projekt zur Aufforstung in Brasilien unterstützt. Weitere Informationen zu dem Projekt unter:
www.ClimatePartner.com/14044-1912-1001

Sollte diese Publikation Links auf Webseiten Dritter enthalten, so übernehmen wir für deren Inhalte keine Haftung, da wir uns diese nicht zu eigen machen, sondern lediglich auf deren Stand zum Zeitpunkt der Erstveröffentlichung verweisen.

Dieses Buch ist auch als E-Book erhältlich.

Verlagsgruppe Random House FSC® N001967

1. Auflage
Originalausgabe Oktober 2020
Copyright © 2020 by Wilhelm Goldmann Verlag, München,
in der Verlagsgruppe Random House GmbH,
Neumarkter Str. 28, 81673 München
Umschlaggestaltung: UNO Werbeagentur, München
Redaktion: René Stein
DF · Herstellung: kw
Satz: Uhl + Massopust, Aalen
Druck und Bindung: CPI books GmbH, Leck
Printed in Germany
ISBN 978-3-442-31595-6
www.goldmann-verlag.de

Besuchen Sie den Goldmann Verlag im Netz

INHALT

Vorwort von Maja Göpel 7

Warnhinweis und Gebrauchsanleitung 13

Warum das Ganze? 15

Wirtschaft ist Geschichte 25

UNFUCK Ungleichheit 33

UNFUCK Klima- und Biodiversitätskrise 55

UNFUCK Politik 83

UNFUCK Arbeit 119

(UN)FUCK Corona 157

    Demokratie Update – warum Bürger_innenräte
    gut für die Demokratie sind 164

    Die Unternehmer_innen-Version vom
    hippokratischen Eid 175

    Die Welt als Donut 177

    Ein gesellschaftliches Betriebssystem – Theorie U . . 182

    Eine Frage des Menschenbilds: »Im Grunde gut« . 192

(Happy) End 199

    Politiker_innen: 199

    Konsument_innen/Kund_innen: 203

    Unternehmer_innen: 203

Gründer_innen: 205

(Cis)-Frauen und LGBTQIA+: 206

(Cis)-Männer: 207

Wirtschaftskritiker_innen: 208

Bürger_innen: 208

Mitarbeiter_innen: 209

Lehrkräfte/Professor_innen: 210

Medienmacher_innen/Journalist_innen: 211

Schüler_innen/Student_innen: 211

Millionär_innen/Milliardär_innen: 212

Alle (Praxisübung): 212

Dank 215

Lektüreliste 219

VORWORT
VON MAJA GÖPEL

Vielleicht ist Ihnen der Titel und die Sprache zu krass und zu denglisch. Oder Abrissbirnen waren für Sie noch nie ein Symbol, das für konstruktive Kritik stand. Lesen Sie das Buch trotzdem. Denn Sie halten die Reise eines Gründers und Unternehmers in der Hand, die wunderbar veranschaulicht, warum unsere Ideen und Identitäten mit unseren Aktivitäten und Organisationsstrukturen unmittelbar zusammenhängen. Wie eng ökonomische Konzepte und gesellschaftliche Diskurse über erfolgreiche Entwicklungen miteinander verknüpft sind, und wieso diese Mechanismen zu einer Blockade für nachhaltige Entwicklung geworden ist. Und es bringt auf den Punkt, was Wissenschaftler_innen beschreiben, aber niemals so direkt als Handlungsanweisung formulieren können: dass es an uns Menschen liegt, Geld und Vergütung wieder mit Werten und Wertschöpfung in Einklang zu bringen und ehrlich zwischen produktiven Strukturen zur Sicherung des Gemeinwohls und extraktiven Strukturen zur Sicherung von Verhältnissen zu unterscheiden.

Dabei ist das Buch eine Streitschrift und keine detailliert ausgearbeitete Transformationsschrift – aber in seiner Unmissverständlichkeit und mit seinen deutlichen Ansichten dürfte es sich kaum von den starken Thesen der Start-up- und Unternehmerliteratur unterscheiden, die Waldemar Zeiler gleich in der Einleitung dafür verantwortlich macht, dass viele unglaublich schlaue und ambitionierte junge Menschen auf so monodimensionale Perspektiven wie Erfolg und Wirtschaften eingeschworen werden.

Dass wir diesen Tunnelblick dringend weiten müssen, das ist die Kernbotschaft des Buches. Denn wir haben ein verrücktes 20. Jahrhundert hinter uns, in dem unvorstellbares Leid und unvorstellbarer Wohlstand möglich wurden durch menschliche Erfindungen und Kooperation, aber auch durch Zerstörung und Ausbeutung. Das 21. Jahrhundert schickt sich an, noch viel verrückter zu werden. Schließlich haben wir es nicht mehr mit drei bis sechs, sondern mit bis zu zehn Milliarden Menschen zu tun. Nicht mehr mit Dampfloks und Telegrammen, sondern mit Magnetbahnen und Quantencomputern. Nicht mehr mit nationalen Wirtschaftsräumen, sondern mit global vernetzten Abläufen. Konstant ist dabei eines geblieben: All diese menschlichen Entwicklungen finden auf einem einzigen Planeten statt. Auf unserem Raumschiff Erde.

Menschliches Leben passiert genau hier und nirgendwo, weil es in ein großes, umspannendes Netzwerk biologischen Mitlebens eingewoben ist. Die Luft, die wir atmen, das Wasser, das wir trinken, die Nahrung, die wir zu uns nehmen, haben schon viele Male substanzielle Veränderungen durchgemacht, den Verdauungstrakt menschlicher und tierischer Körper durchlaufen und sind immer wieder durch Pflanzen, Pilze, Mikroben und Mineralien so umgewandelt worden, dass für uns wieder und wieder Energie bereitgestellt wird.

Interessanter- und zunehmend tragischerweise ist uns diese

existenzielle Wahrheit in modernen kapitalistischen Gesellschaften mit ihrem Fokus auf Geldwerte, technologische Durchbrüche und künstliche Infrastrukturen weitgehend abhandengekommen. Allen Warnungen zum Trotz wird die natürliche Wertschöpfung unseres wunderschönen Bioreaktors namens »Natur« nicht positiv bilanziert, sondern möglichst aus den Berechnungen ausgeklammert. Die Preise sagen auch nach vierzig Jahren Agenda für nachhaltige Entwicklung nicht die Wahrheit. Sie spielen uns eine Scheinwelt vor, in der Daten und Finanzen die wichtigsten Zutaten einer erfolgreichen Wirtschaft zu sein scheinen – auch wenn niemand davon satt wird.

Wenn also das Ziel eines Start-ups der schnelle Exit der Investoren ist und der Verkaufspreis an Konzerne den Erfolg ausdrückt, treibt das vielleicht Innovationen in unserer Gesellschaft voran – sorgt aber nicht unbedingt dafür, dass diese Innovationen auch nachhaltig sind. Zu dieser nachhaltigen Entwicklung gehört auch eine soziale Komponente: Was denken sich Köchinnen, Busfahrer, Pflegerinnen und Bauern, wenn einige schlaflose Jahre an Programmieren und Tischtennisspielen dafür ausreichen, nie wieder aufstehen zu müssen, weil die Vergütungen für digitale Vermittlungsleistungen oder finanzielles Engineering plötzlich so viel höher ausfallen als für das eigentliche Herstellen von Waren und Dienstleistungen? Wie konnte es so weit kommen, dass der Marktwert von Unternehmen, ohne deren Produkte wir alle problemlos überleben könnten, den der Unternehmen weit überragt, die unsere Versorgungssicherheit gewährleisten? Überhaupt: Wieso gelten die Unternehmen als besonders wertvoll, die keine Steuern zahlen und dafür Aktien zurückkaufen, die

Dividende über die Vergütung für ihre Mitarbeiter stellen und während der Corona-Pandemie sogar Rettungspakete, finanziert vom Steuerzahler, an die Aktionäre weiterreichen? Auch hier bietet das Buch viele Beispiele, warum in einer solchen Wirtschaftspraxis soziale und ökologische Nachhaltigkeit auf der Strecke bleiben.

Vielleicht sind es auch eher diese kurzfristigen Bedrohungen, mit denen die soziale Marktwirtschaft zu kämpfen hat, als die immer noch als langfristig betrachteten Umweltprobleme, die momentan so viele Unternehmer_innen dazu veranlassen, sich für Nachhaltigkeit und faire Rahmenbedingungen zu engagieren. Denn schließlich schlummert (wenigstens) in dem ehrbaren Kaufmann doch eine Identität des fairen (Ver) handelns und ein Verständnis dafür, dass auch eine Unternehmung immer in gesellschaftliche Netzwerke eingewoben ist. Auch für diese strukturellen Fragen hat Waldemar Zeiler aktuelle Beispiele herangezogen. Sie zeigen, dass Gemeinwohlorientierung dann am besten gelingt, wenn dahinter auch eine entsprechende Gemeinschaft steht, ob nun in unternehmerischen oder politischen Kontexten.

Was wir dafür loslassen sollten und was dann entstehen kann, das beschreibt das Buch in einem dauerhaften Wechselspiel zwischen ethischen Fragen, strukturellen Analysen und persönlicher Dokumentation des eigenen Suchprozesses als Unternehmer und im gesellschaftlichen Engagement. Nach einer knackigen Tour-de-Force durch Missstände genauso wie Stellschrauben für wünschenswerte Veränderungen werden Sie sehen, dass es sicher kein einfacher Weg ist, der vor uns liegt. Vor allem aber wird Sie eine Perspektive nicht mehr loslassen: Aus einem »geht nicht« wird bei ehrlicher Betrachtung in aller Regel ein »will nicht.« Und genau das können wir uns in dieser Krisen- und Transformationszeit nicht leisten.

Aus wissenschaftlicher Perspektive spricht prinzipiell nichts dagegen, dass wir hohe Lebensqualität und kreative Entfaltung, angemessene Versorgungssicherheit und verlässliche Kooperation, sinnvolle Arbeit und regenerative Landschaften auch mit und für 10 Milliarden Menschen sicherstellen können. Dafür müssen wir aber genau das wollen. Dafür wird die Corona-Zeit, in der sich Selbstverständlichkeiten der alten Normalität in Serie auflösen, eine große Chance bieten. Für diese Chance streitet dieses Buch. Selbst wenn Sie einiges anders sehen sollten als in diesem Buch beschrieben, so bleibt 2020 das Jahr, in dem wir Sie und all Ihre Fähigkeiten brauchen, über sich hinauszuwachsen.

Ihre
Maja Göpel

(Die Ökonomin Maja Göpel ist Transformationsforscherin und gilt als Expertin auf dem Gebiet der Nachhaltigkeitswirtschaft. Ihr Buch *Unsere Welt neu denken* hat es bis auf die SPIEGEL-Bestsellerliste geschafft.)

WARNHINWEIS UND GEBRAUCHSANLEITUNG

Dieses Buch, besser gesagt diese Streitschrift, wird dich überfordern und dir nicht annähernd alles erklären, was du wissen musst.

Aber keine Sorge, uns als Autor_innen[1] erging es ähnlich, auch wir waren ziemlich überfordert. Nicht nur weil dieses Buch mitten in die Corona-Zeit fiel und damit voll in die Lockdown-Phase inklusive Schließung von Kitas und Kindergärten. Mitautorin Katharina wohnt in Tel Aviv, wo der Lockdown sogar noch strenger ausfiel als in Deutschland. Sie musste nebenher zwei Söhne (drei und sechs Jahre alt) bespaßen, und auch mein fast vierjähriger Sohn hatte Besseres vor, als mir beim Schreiben eines Buches oder beim Videocall mit Katharina zuzusehen. Aber vor allem war es eine thematische und zeitliche Heraus- und teilweise Überforderung. Vermutlich hätte es über ein Jahr gebraucht und über eintausend Seiten statt drei Monate und über 220 Seiten, um den behandelten Themen wirklich gerecht zu werden. Wir waren uns aber einig, dass dieses Buch dringend früher erscheinen muss, wenn wir irgendeine Chance haben wollen, in den Diskurs einzugreifen,

---

1 Wir gendern mit den sogenannten »Gender-Gaps«, da diese Schreibweise nicht-binäre Personen einbezieht.

wie unsere Wirtschaftswelt mit den ganzen Milliardenhilfen nach Corona neu aufgebaut werden soll. Sind diese Milliarden aufgebraucht und die dazugehörigen Gesetze verabschiedet, bringt dieses Buch mit all den schönen Ideen nicht mehr viel. Und so haben wir von Mai bis Juli 2020 recherchiert, diskutiert und geschrieben, sodass eine Art Sammlung an Kinotrailern entstanden ist. Trailer sollen die Neugier wecken, sich den ganzen Film anzuschauen, und so wollen wir eure Neugier wecken, tiefer in die teils nur angerissenen Themen, Bücher, Artikel und Modelle vorzudringen. Wie im echten Leben wird nicht jeder Film nach dem Trailer euer Interesse wecken, aber wenn ihr durch dieses Buch zumindest ein paar neue Filme entdeckt, hat es sich für uns schon gelohnt. Es war schlicht unmöglich, in dieser kurzen Form und nur drei Monaten Zeit die ganze Komplexität der Krise der sozialen Gerechtigkeit, der Klima- und Biodiversitätskrise, der Krise unserer Demokratie und der Arbeitswelt zu erfassen, ihre Abhängigkeiten aufzuzeigen und den Bezug zur Wirtschaft zu erklären, wie in einem dieser »Für Dummies«-Bücher. Es ist eine Momentaufnahme durch die Brille eines Unternehmers, der sich vielleicht etwas mehr als andere Unternehmer_innen in den vergangenen Jahren in andere Bereiche vorgewagt hat, aber trotzdem bleibt sie unvollständig. Diese Streitschrift soll vor allem anregen, tiefer in die beschriebenen Themen einzutauchen, sie zu hinterfragen und die Zusammenhänge der verschiedenen Bereiche wie Politik, Wissenschaft, Gesellschaft und Wirtschaft zu verstehen. Sie soll ein kurzes, leichtes Handbuch sein, das ihr in eure Hosentasche stecken und überallhin mitnehmen könnt. Das Lust macht, euch mit anderen auszutauschen.

In diesem Sinne: Viel Spaß und viele Fragezeichen!

WARUM DAS GANZE?

Mit 30 Millionär! Drei Worte. Meine Worte. Zum ersten Mal sprach ich sie im Alter von 21 Jahren aus. Da hatte ich bereits die erste gescheiterte Firmengründung meines Lebens hinter mir: die *Z&B Berufseinsteiger Agentur*. Ich begann mit einer Leidenschaft, die ich anfangs noch als prima Hobby abstempelte: Es machte mir einfach nur großen Spaß, Schüler_innen bei den Bewerbungsunterlagen zu helfen, die nach ihrem Schulabschluss eine Lehrstelle suchten. Ich konnte wohl ganz gut schreiben und recherchieren, sodass mich nach und nach immer mehr Freunde und Bekannte um Hilfe baten. Dass daraus tatsächlich eine Firma, wenn auch eine sehr kurzlebige, wurde, verdanke ich wahrscheinlich meinem Stiefonkel, der selbst eine Werbeagentur besitzt – außer ihm hatte ich in meinem Freundes- oder Familienkreis keine unternehmerischen Vorbilder; das galt besonders für Letzteren. Meine Familie wuchs im eher unternehmensfeindlichen Umfeld der Sowjetunion auf und durfte erst ab 1989 in Deutschland den Kapitalismus in voller (Schein)blüte erleben.

Manchmal muss dir einfach ein anderer Mensch sagen, dass etwas möglich ist, und wenn dieser Mensch dann auch noch an dich glaubt und dir hilft, können Wunder passieren. Es braucht unglaublichen Mut, neue Wege zu denken, und noch mehr Mut, sie auch zu beschreiten. Ich glaube, dass viele wichtige Vorhaben gar nicht erst entstehen, weil den Menschen irgendeine Form des Sprichworts »Schuster, bleib bei deinen Leisten« zu schnell über die Lippen rutscht. Es sind nur Worte, aber sie können Träume und Ideen zerschmettern. Wenn man aber dagegen einen kleinen Teil dazu beigetragen hat, dass jemand sich selbst verwirklicht, fühlt sich das großartig an! Ich kann nur aus eigener Erfahrung sprechen: Neben meiner eigenen Tätigkeit als Gründer ist für mich die wahrscheinlich zweitschönste Erfahrung, andere Menschen aufblühen zu sehen, wenn sie ihre Projekte und Visionen – und damit meine ich ganz bewusst nicht nur innerhalb eines unternehmerischen Umfelds – umsetzen. Dieses Funkeln in den Augen und die mitreißende Energie, die dabei frei wird, sind reine Magie.

Ich hatte jedenfalls Glück. Mein Stiefonkel ermutigte mich nicht nur dazu, eine Firma zu gründen, sondern half mir auch bei der Gestaltung meines ersten Firmenauftritts in Form eines Flyers. Mein Jugendzimmer mutierte zum Büro mit Profi-Pinnwand und den typisch amerikanischen Motivationspostern, auf denen Begriffe wie »Passion!« zu finden waren. Ich hatte sogar eine Webseite sowie einen eigenen Telefonanschluss. Ich war 19 Jahre alt und hatte mein erstes eigenes Business.[2] Ich liebte die Vorstellung, dass eine Tätigkeit, die mich so erfüllt, nicht nur ein Hobby bleiben muss, sondern zu meiner Hauptbeschäftigung nach dem Abitur werden könnte. Die Tatsache, dass meiner Investition von fünfhundert D-Mark nur eine zahlende Kundin gegenüberstand, die mir einhundert D-Mark Umsatz bescherte, spielte

---

2   Falls ihr jetzt das Bild von Christian Lindner aus der 13. Klasse im Kopf habt, wie er mit Gel im Haar, Krawatte und Aktenkoffer den Spruch »Probleme sind nur dornige Chancen« prägte, kann ich euch das nicht übel nehmen. Aber ich kann euch versichern, dass ich mit meinen langen Haaren und zerrissener Jeans bei der FDP nicht besonders viel Anklang gefunden hätte.

damals keine Rolle. Umsatz und alle anderen Kennzahlen wie Anzahl der Mitarbeitenden und so weiter, die für mich einige Jahre später so bedeutsam werden sollten, waren irrelevant. Erst recht, als ich erfuhr, dass die besagte (erste und einzige) Kundin durch meine Hilfe bei den Bewerbungsunterlagen ihre Traumausbildungsstelle ergattern konnte.

Wie bitte also kommt man von dieser romantischen Gründungsgeschichte aus dem Kinderzimmer zu dem Credo »Mit dreißig Millionär«, das so gar nichts mit Leidenschaft zu tun hat? Wie kommt man von einem Traum und Idealismus zu den drei Worten, die wahrscheinlich den besorgniserregenden Zustand und die Machtverhältnisse unserer Welt ziemlich gut erklären?

Nach der ersten Gründung wusste ich: von diesem Gefühl der Wirksamkeit, der Selbstverwirklichung, aber auch der Freiheit will ich mehr. Aber worin genau bestand dieses Gefühl? Wie nennt man das, wenn man einfach etwas unternimmt? Da damit offensichtlich Geld verdient wird, war »es« schnell als wirtschaftliche Tätigkeit und Unternehmertum identifiziert.

Diese Klassifizierung wiederum half mir dabei, Vorbilder zu finden. Und da ich unglaublich wissbegierig war – eine Eigenschaft, die man mir übrigens in meiner Schulzeit nicht gerade nachsagen konnte, verschlang ich die Biografien meiner damaligen Helden: Richard Branson, Jack Welch, Hasso Plattner, Bill Gates und Warren Buffet. Alle männlich. Alle weiß. Natürlich.

Zu dieser Zeit leistete ich in den USA meinen alternativen Zivildienst in einem Dorf für Kinder mit Behinderungen und zog mir zudem reihenweise typisch amerikanische Pseudo-Wirtschaftsbücher rein. Sie trugen bedeutsame Titel wie

48 *Laws of Power* oder der Klassiker *Rich Dad, Poor Dad*, der sich weltweit mehr als 32 Millionen Mal verkaufte. Aber auch *Sun Tzu – Die Kunst des Krieges für Anleger* war dabei, und ich musste beim Schreiben gerade laut über mein jüngeres Ich lachen, als ich die Beschreibung dieses Buches noch mal auf *Ecosia* nachschlug: »Ein starkes Konzept für alle Anleger! Sie werden überrascht sein, wie nahe sich Krieg und Börse stehen…«

Ich verschone euch jetzt damit, euch mit einer ausführlichen Zusammenfassung dieser Bücher zu langweilen. Sie drehen sich alle im Wesentlichen um das in Stein gemeißelte Narrativ, dass man nur den Shareholder Value, also den Unternehmenswert, steigern muss, wovon automatisch die ganze Welt profitiert. Dass man dafür Strategien und Vokabular aus dem Krieg verwendet, wird als geradezu logisch verkauft, weil Wettbewerb Krieg ist, und Konkurrenz belebt ja bekanntlich sowieso das Geschäft. Alles für eine gute Sache natürlich. Denn am Ende werden Konsument_innen mit dem besseren und sogar günstigeren Produkt belohnt, und unser aller Wohlstand, der sich eindeutig am Anstieg des Bruttoinlandsprodukts festmachen lässt, steigt und steigt, generiert durch unbegrenztes Wachstum. Der Staat spielt eine Nebenrolle und hält sich dabei am besten schön raus. Das Paradigma von Nobelpreisträger Milton Friedman, dass der freie Markt alles regelt, einhergehend mit seiner Doktrin, dass ein Unternehmen nur seinen Anteilseigner_innen verpflichtet ist und nicht etwa seinen Mitarbeiter_innen, geschweige denn der Gesellschaft, ist auf jeder dritten Seite in all diesen Büchern herauszulesen. Ach ja, und natürlich ist jeder Mensch seines Glückes Schmied. Der amerikanische Traum, es vom Tellerwäscher zum Millionär zu bringen, trieft aus allen Fasern der schwarz-weiß bedruckten Seiten. Wem es nicht gelingt, ein

»Rich Dad« zu werden, hat einfach nicht hart genug gearbeitet oder die falsche Einstellung, denn die Möglichkeiten zum Aufstieg sind für alle gleich …

Ich folgte all diesen Glaubenssätzen und Geschichten, und für mich war klar: Wenn ich spätestens mit dreißig Jahren Millionär werden will, dann muss ich gut im »Unternehmersein« werden. Und wenn es mir gar gelingt, Milliardär zu werden, indem ich ein sogenanntes *Unicorn* erschaffe[3], *der* feuchte Traum schlechthin aller Silicon-Valley-Jünger, dann habe ich das Kapitalismusspiel gewonnen. Wenn ich ein Unternehmen gründe, das möglichst schnell möglichst viel wert ist, darf ich mich nicht nur selbst verwirklichen und stinkreich nennen, sondern erhalte auch noch unermessliche Anerkennung von der Gesellschaft, weil ich durch die Schaffung von Arbeitsplätzen das Leben so vieler anderer Menschen besser gemacht und den Wohlstand vermehrt habe.

Das klang für mich superlogisch. Und auch während meines Studiums *International Business*, das ich nach dem Zivildienst im Jahre 2003 in Maastricht begann, wurde zu 98 Prozent diese Herangehensweise gepredigt. Die restlichen zwei Prozent entfielen auf einen zweiwöchigen Kurs zu Ethik im Business oder so was Ähnlichem. Dass in diesen Studienrichtungen eine bestimmte Haltung geformt und gefördert wird, zeigt übrigens eine Studie unter Wirtschaftsstudent_innen in Israel: die Relevanz altruistischer Werte wie Ehrlichkeit, Hilfsbereitschaft und Loyalität nimmt im Laufe des Studiums bei den meisten Student_innen ab.[4]

---

3 Als Unicorn-Unternehmen gelten Start-up-Unternehmen mit einer Marktbewertung, vor einem Börsengang oder einem Exit, von über einer Milliarde US-Dollar.

4 Aus: Günter Faltin: *DAVID gegen GOLIATH: Wir können Ökonomie besser.*

Auch in der Berliner Gründerszene (ich benutze hier bewusst die männliche Formulierung, da es nur vier Prozent rein weibliche Gründerteams gibt) sah es nach meiner Studienzeit und erster Berufserfahrung in Unternehmensberatungen nicht anders aus. Die unglaubliche Leidenschaft und Energie, die ich seit meiner ersten Unternehmensgründung mitbrachte, waren teilweise noch da, aber immer mehr wichen sie rationalen, nüchternen und eher kalten Geschäftsmodelloptimierungen. Es waren die drei Samwer Brüder, die das Modell zur Perfektion trieben. Erfolgreiche amerikanische Digital-Start-ups wurden eins zu eins für den deutschen Markt kopiert, und zwar so schnell und »nachhaltig«, dass manches Mal sogar der Quellcode von amerikanischen Webseiten recycled wurde. Ja, hey, auch die höchst kreative Vermarktungsstrategie von nicht gerade günstigen SMS-Klingeltönen an Minderjährige auf einem Musiksender steigert ja im Sinne von Friedman den Unternehmenswert (der Verkauf der Jamba GmbH an Verisign, Inc. brachte im Jahr 2004 übrigens 273 Millionen Dollar). Diese Gründerpersönlichkeiten waren und sind teilweise noch heute die Helden vieler junger Gründer_innen. Und die sogenannte Old Economy? Die mochten Gründer wie die Samwers nicht besonders, weil sie mit ihrem Inkubator *Rocket Internet SE* alte Geschäftsmodelle attackierten – und bewunderten sie dennoch heimlich für ihren Erfolg und ihre Aggressivität.

Und ich? Landete am 1. Januar 2008 in der Saarbrücker Straße in Berlin, um die »Rocket-Internet-Schule« zu durchlaufen, als Mitgründer eines Copycat-Start-ups[5] nach dem

---

5   Als Copycat-Start-ups werden solche Unternehmen bezeichnet, die sich rein auf das Kopieren einer Geschäftsidee verlassen.

amerikanischen Vorbild des damaligen Online-Ratgeberportals *about.com.* In Deutschland war Rocket Internet damals *das* (wenn auch umstrittene) Aushängeschild der Start-up-Szene aus der beispielsweise auch das 2008 gegründete Startup *Zalando* hervorging, das inzwischen (Stand Juli 2020) fast 16 Milliarden Euro wert ist und über 15.000 Mitarbeiter_innen beschäftigt. Die Start-up-Szene ist zwar jeweils nur ein sehr kleiner Teil der gesamten Volkswirtschaft, aber sie ist auch ein wichtiger Baustein der Zukunft und deswegen so bedeutend. Start-ups, die wie Microsoft, Apple oder auch Facebook mehr oder weniger in der Garage gegründet wurden, wuchsen innerhalb kürzester Zeit zu Giganten heran, verbunden mit einem Marktwert, der ganze Volkswirtschaften in den Schatten stellt. Nur als Beispiel: Der 2011 gegründete Videodienst *Zoom* ist dank Corona inzwischen (Stand Mai 2020) mehr wert als die fünf größten Fluggesellschaften der Welt zusammen.

Und das ist der Punkt, an dem die ganze Kacke anfängt zu dampfen. Nicht nur die alte Wirtschaftswelt glaubt immer noch an die Friedman'sche Doktrin »alles für den Aktionär« und damit Wohlstand für alle durch unbegrenztes Wachstum, sondern eben auch der Großteil jener Menschen, die die Zukunft der Wirtschaft bilden, also die Mitarbeiter_innen in den Start-ups. Nur dass viele Start-ups ihre altliberalen Positionen von erbarmungsloser Konsequenz mit großen Apple-Bildschirmen und Tischtennis-Platten aufhübschen.

Aber was, wenn diese Geschichte, dieses Narrativ, dieses Paradigma nicht stimmt? Was, wenn alles doch nicht so geil ist, wie wir dachten?

Als 2013 in Bangladesch eine Textilfabrik einstürzte und 1.134 Menschen ihr Leben verloren, begannen die Zweifel an mir zu nagen. Ich stürzte in die größte Sinnkrise meines Lebens.

Am Boden der Fabrik lagen neben vielen Toten auch Kleidungsstücke und Etiketten bekannter Modemarken, und so manche davon hatten es sich auch in meinem Kleiderschrank gemütlich gemacht. Ich ahnte langsam, was der Grund für diesen schrecklichen Unfall sein könnte: Dieser fucking *Shareholder Value* der nun mal größer ist, wenn die Kosten niedriger ausfallen. Also wird gespart. An der Sicherheit. An den Löhnen. Und am größten ist der Wert für Anteilseigner_innen natürlich, wenn in Ländern produziert wird, in denen der Staat gar nicht eingreift, um für sichere Arbeitsbedingungen zu sorgen. Das alles natürlich outgesourct, sodass man lediglich mit Zulieferern zusammenarbeitet, von einem auf den anderen Tag den Lieferanten wechseln kann und quasi gar nicht für die Mitarbeitenden vor Ort verantwortlich ist. Maximale Flexibilität und Unverbindlichkeit – vor allem für die westlichen Unternehmen. Ein Paradies für die Anleger, die Hölle für die die Menschen vor Ort.

Erst als ich aus dem Hamsterrad ausstieg und meinem damaligen Start-up *Digitale Seiten* nach dreieinhalb Jahren den Rücken kehrte, wurde mir nach und nach bewusst, welchem Schwindel ich aufgesessen war. Wie kann unbegrenztes Wachstum auf einem begrenzten Planeten möglich sein? Wie kann es sein, dass unsere Weltgemeinschaft das größte Vermögen aller Zeiten angehäuft hat, aber die Hälfte davon gerade mal sechsundzwanzig Menschen gehört? Und ganz aktuell: Wie kann es sein, dass die Weltwirtschaft nach Jahrzehnten von Rekordergebnissen nach nur zwei, drei Monaten zusammenbricht, weil die Menschen nur noch das kaufen, was sie wirklich zum Leben brauchen? Muss Wirtschaft so sein? Und dann natürlich die Frage aller Fragen:

Wie kann man diese Wirtschaft unfucken?

Auf diese und weitere Fragen möchte ich mit euch und meiner geschätzten Co-Autorin Katharina in diesem Buch eingehen. Beim Schreiben dieses Buches befinden wir uns mitten in der größten Weltwirtschaftskrise seit dem Zweiten Weltkrieg, ausgelöst durch ein Virus namens COVID-19. Wir müssen uns den oben genannten Fragen stellen, um nach Corona nicht nur weiterzumachen wie zuvor, sondern um besser weiterzumachen. Um die Corona-Krise als Chance zu nutzen, eine neue Art der Wirtschaft zu gestalten. Wann, wenn nicht jetzt?

Die Regierung nimmt Milliarden in die Hand, um die Wirtschaft zu retten. Spätestens seit Corona gibt es keine Ausreden mehr. Wir haben gesehen, wie schnell sich unser ganzer Alltag verändert, wenn es – ob berechtigt oder nicht – nötig ist. In der Post-Corona-Zeit wird »geht nicht« nur eine andere Formulierung sein für »will nicht«, doch dieses Mal wird man ein »will nicht« besser erklären müssen. Das hoffe ich zumindest.

In diesem Buch wird es aber auch um praktische Lösungsansätze gehen. Einige davon habe ich selbst als Unternehmer mit meinem Mitgründer Philip Siefer und vielen anderen großartigen *einhörnern* in unserem Start-up *einhorn* ausprobiert – ich werde mit euch die Erfolge, aber auch die Misserfolge teilen. Und natürlich sind auch andere Start-ups, mittelständische Unternehmen und Ökonom_innen bereits auf dem Weg in eine neue Wirtschaftsordnung und bieten wundervolle Alternativen an, über die wir reden werden. Wenn wir es jetzt noch schaffen, dass die Bereiche Wissenschaft, Politik, Gesellschaft und Wirtschaft auf Augenhöhe zusammenarbeiten, dann können wir das Schlimmste vielleicht abwenden und eine Welt schaffen, an der auch unsere Enkel_innen noch Spaß haben.

Habt ihr Bock?

WIRTSCHAFT IST GESCHICHTE

Aber halt, bevor wir so richtig loslegen, müssen wir noch mal kurz eine Art Update machen, was bisher geschah: Wer nämlich die Zukunft der Wirtschaft gestalten will, sollte auch ihre Vergangenheit kennen. Und nicht nur die Vergangenheit der Wirtschaft, sondern bestenfalls auch der Menschheit an sich. Denn letztendlich ist das so abstrakt klingende Wort »Wirtschaft« nur eine Verabredung von Menschen, gemeinsam etwas zu tun. Eine Wirtschaft ohne Menschen gibt es nicht. Um Menschen zu verstehen und mit ihnen auf Augenhöhe kooperieren zu können, muss man ihre Geschichte kennen.

Ich muss zugeben, dass ich erst in den letzten Jahren ein Interesse für historische Fakten entwickelt habe, weil es weder in meinem Studium noch für meine zahlreichen Firmengründungen relevant schien. Vermutlich, weil ja spätestens seit der Digitalisierung alles nutzlos scheint, was älter als ein paar Monate ist. Vor allem bei den technologischen Sprüngen kommt man kaum hinterher. Da hat man sich gerade erst so richtig an *Instagram* gewöhnt, da fragt dich jemand, ob du auch auf *TikTok* bist.

Eigentlich ging es bei der Entwicklung der Menschheit ähnlich fix. Für eine hervorragende zeitliche Einordnung lohnt sich ein kleiner Ausflug in die Menschheitsgeschichte, die ich aus dem Buch *Im Grunde gut* des niederländischen Historikers Rutger Bregman entlehne. Darin erklärt er, wie kurz die Geschichte des höher entwickelten Lebens der Erde eigentlich ist: Entspräche die gesamte Zeitspanne nur einem Kalenderjahr statt 4000 Millionen Jahren, dann hätten die Einzeller den Planeten bis Mitte Oktober ganz allein bewohnt. Erst im November wäre das Leben, wie wir es kennen, entstanden – mit Zweigen und Blättern und Beinen und Knochen. Am 25. Dezember wären die Dinos ausgestorben. Die Menschheit hätte die Erde in unserem Kalenderjahr-Beispiel erst am 31. Dezember gegen 23 Uhr abends betreten. Eine Stunde hätte sie als Jäger und Sammler verbracht und erst im letzten Moment, etwa zwei Minuten vor Mitternacht, hätte sie die Landwirtschaft erfunden. In den 60 Sekunden vor Neujahr hätte sich alles ereignet, was wir heute Geschichte nennen, mit Pyramiden und Pharaonen, gefolgt von Burgen, Rittern und Burgfräuleins und schließlich Dampfmaschinen und Flugzeugen. Oder ganz kurz gesagt: Im Vergleich mit der Zeitspanne seit dem Urknall, der etwa 13,8 Mrd. Jahre zurückliegt, ist die Geschichte der Menschheit mit rund 70.000 Jahren verschwindend kurz. Wenn man sich das einmal vor Augen führt, wird klar, wie schnell die Entwicklung ging. Und wenn wir uns dann die Situation anschauen, in der wir uns heute befinden, wird klar, dass wir gegen Mitternacht vielleicht keine Party mehr feiern werden, zumindest wenn wir so weiterwirtschaften wie bisher.

Die Wirtschaft entstand mit den Menschen, und vermutlich hätte es Sinn ergeben, mit dem Unfucken der Wirtschaft etwas früher anzufangen. Zum Beispiel dann, als der erste Mensch auf die Idee kam, dass die Früchte der Erde eben nicht allen gehörten, bevor er andere auch noch davon überzeugte, dass es rechtens sei, sich ein Stück Land zu nehmen, einzuzäunen und sein Eigen zu nennen. Der Historiker Yuval Noah Harari bezeichnet die landwirtschaftliche Revolution mit ihrer Domestizierung von einzelnen Tier- und Pflanzenarten, dem Ackerbau und der Viehzucht, als den größten Betrug der Geschichte, denn das Leben der Bauern sei keinesfalls durchweg einfacher, sicherer und angenehmer gewesen als das der Jäger und Sammler. Ja, man konnte dank Landwirtschaft mehr Menschen ernähren, aber unter schlechteren Bedingungen.

So richtig spannend wurde es mit der Wirtschaft beziehungsweise dem Kapitalismus aber dann vor circa 250 Jahren, weil etwa zu diesem Zeitpunkt die moderne Welt entstand und mit ihr die Industrialisierung, schnelles und kontinuierliches Wirtschaftswachstum, enorme Produktivitätssteigerungen und Lohnarbeit, aber auch soziale Ungleichheiten. Schon im alten Ägypten, bei den alten Griechen, im Orient und im Mittelalter gab es Sklaverei – aber das weltumspannende Ausmaß und die dazugehörige pseudowissenschaftliche rassentheoretische Untermauerung kamen erst später. Viele Jahrtausende lang wuchs die Wirtschaft kaum, und plötzlich gelangten im späten 18. Jahrhundert einige Teile der Welt zu sagenhaftem Reichtum. Natürlich brachte die Industrielle Revolution auch ihr Gutes: technischen und medizinischen Fortschritt zum Beispiel, aber sie brachte auch ein bis dato noch nie dagewesenes Ausmaß an Umweltverschmutzung. Vor allem aber waren diese Jahrzehnte, die man auch als »Great Divergence« bezeichnet, der Beginn von bis heute prägenden großen Unterschieden zwischen den Regionen, die sich industrialisierten, und denen, die aus welchen Gründen auch immer nicht auf den Zug aufsprangen. Sie bildeten den Beginn der Unterschiede zwischen dem globalen

Norden und dem globalen Süden, zwischen Kolonisatoren und Kolonien.

Europa gelang diese unglaubliche Errungenschaft nicht etwa durch eine besondere Kultur, Intelligenz oder Tradition der Aufklärung, auch nicht dank des Klimas oder der geografischen Lage. Letztlich war diese radikale und rasante Neugestaltung der Welt nur möglich, weil man ein neues Instrument zur Organisation von Handel, Produktion und Konsum erschuf, welches der deutsche Harvard-Professor Sven Beckert in seinem Buch *King Cotton: Eine Geschichte des globalen Kapitalismus* als Kriegskapitalismus bezeichnet. Krieg, Ausbeutung und Sklaverei bildeten das Fundament, auf dem der globale Norden bis heute fußt (mehr dazu könnt ihr in dem Kapitel UNFUCK Ungleichheit nachlesen).

Wer sich die Ländergrenzen in Afrika (oder dem Nahen und Mittleren Osten) anschaut, kommt nicht umhin festzustellen, dass sie oft wie mit dem Lineal gezogen sind. Das ist kein Zufall. Fast ganz Afrika wurde kolonisiert, nachdem zuvor Millionen Afrikaner_innen grausam entführt und versklavt wurden, auch bekannt als afrikanischer Genozid oder Maafa[6]. Die europäischen Mächte haben einen ganzen Kontinent einfach am Reißbrett unter sich aufgeteilt, und das ohne jegliche Berücksichtigung der verschiedenen Religionen, Kulturen, Sprachen und Stämme. Das ist ein bedeutender Grund

---

6 Der Begriff Maafa wird etwa seit 1998 genutzt und beschreibt die Geschichte und Auswirkungen der Gräueltaten, die an der afrikanischen Bevölkerung verübt wurden, vor allem von Nicht-Afrikanern (wenn man die Geschichte des Sklavenhandels betrachtet, um genau zu sein, von Europäern und Arabern inklusive arabischer und atlantischer Sklavenhandel), und die auch heute noch fortbestehende Unterdrückung, unter anderem in Form von Imperialismus und Kolonialismus.

für die vielen Konflikte in afrikanischen Ländern, die den Kontinent bis heute lähmen. Die kolonialistischen Kriegszüge mit Blut, Sklaven, Vergewaltigung und Enteignung mögen der Vergangenheit angehören, eine Art sanfter Imperialismus dauert jedoch an. Rohstoffe werden noch immer überall auf dem Kontinent unter zweifelhaften Bedingungen geschröpft. Neben den Aktivitäten westlicher Länder auf dem Kontinent investiert heute vor allem China Milliarden in Afrika und baut Straßen, Krankenhäuser, Eisenbahnstrecken und neue Industrien, flutet aber gleichzeitig lokale Märkte mit Billigprodukten und verdrängt damit lokale Produzenten.[7] Das alles sollte aber nicht davon ablenken, dass bis heute viel zu wenig über die Wirtschaftswunder und riesigen Errungenschaften auf dem afrikanischen Kontinent berichtet wird.

Trotzdem: Machen wir ein Gedankenexperiment, stellen wir uns vor, dass die USA eine schnurgerade Grenzlinie von Paris bis Kiew ziehen würde. Den oberen Teil würde man Amerikanisch-Nordeuropa nennen, während sich den unteren Teil eine andere Weltmacht, sagen wir mal China, unter den Nagel reißt und ihn Chinesisch-Südeuropa nennt. Franzosen, Deutsche, Tschechen oder Polen müssten dann als Amtssprache, je nachdem, ob sie im Norden oder Süden wohnen, Englisch oder Mandarin sprechen und die Kulturen der jeweiligen Besetzer leben und feiern. Nach zwanzig bis fünfzig Jahren und unzähligen, teils blutigen Aufständen zögen sich die Besatzungsmächte endlich wieder zurück – natürlich erst, nachdem sie ganz Europa seiner Rohstoffe beraubt und

---

7 Für einen tieferen Einstieg in das Thema sei das Buch *China's Second Continent: How a Million Migrants Are Building a New Empire in Africa* von Howard W. French empfohlen, der in Reportagen chinesische Arbeiter und Unternehmer in Afrika porträtiert.

wackelige, korrupte Regierungen installiert haben. Und die Tatsache, dass die Europäer_innen in diesem menschlichen und wirtschaftlichen Trümmerfeld nur sehr schwer wieder auf die Beine kommen, wird dann noch von den früheren Besetzern USA und China herablassend und bevormundend kommentiert. Sie drücken dann auch noch ein paar Dollar oder Yuan Entwicklungshilfe ab, um den eigenen Einfluss nicht ganz zu verlieren, aber selbst diese versickern in den korrupten Apparaten der früheren Marionettenregierungen. Wisst ihr, was ich meine?

Erst wenn man sich selbst in die Lage vieler einst kolonisierter Länder begibt, merkt man, dass wir froh sein können, wenn diese Länder nur Gerechtigkeit wollen und keine Rache. Wie viele lokale Handelsnetze und ganze Regierungen zerstört wurden, nur weil sie dem maximalen Profit im Wege standen, ist nicht nur beunruhigend – es ist unfassbar!

Dieser Kriegskapitalismus funktionierte über eine fast schizophrene Einteilung in eine »innere« und eine »äußere« Welt. Während beispielsweise in Großbritannien (zu dem immerhin bis 1947, das ist gerade mal 73 Jahre her, Indien gehörte, das heute zweitbevölkerungsreichste Land der Welt), also der »inneren Welt«, viele Gesetze galten, die von einem starken Staat verteidigt wurden, war die »äußere« Welt von Gesetzlosigkeit, Willkür und grausamen Verbrechen gegen die Menschlichkeit geprägt. Die Kaufleute – heute würde man sie Unternehmer_innen oder Manager_innen nennen – gründeten oder heuerten bei Handelsgesellschaften an und konnten mit einer Art Frei- oder Kaperbrief des Königs oder der heimischen Regierung plündern, versklaven und sogar morden. Dafür bekamen sie dann sogar noch einen Ritterschlag, wie zum Beispiel Sir Francis Drake, und wurden ehrenreiche Namensgeber für zahlreiche Orte auf der Welt, von den Denkmälern, die man ihnen baute, mal ganz abgesehen.

Warum das so wichtig ist? Weil viele der uns heute vertrauten Instrumente in der Wirtschafts- und Arbeitswelt damals erschaffen wurden und deshalb dringend hinterfragt werden müssen. Die Personalbuchhaltung beispielsweise wurde dafür entwickelt, um Sklavenplantagen besser betreiben zu können. Die Limited Company, die auch als Vorbild für die spätere Rechtsform der deutschen GmbH diente, wurde erschaffen, damit man einfacher und vor allem rechtssicher zumindest in der »inneren Welt« in Baumwolle, aber auch in Sklaven investieren konnte. Auch die Grundsteine für das Bruttoinlandsprodukt als absolutes Messinstrument wurden damals in Großbritannien gelegt.

Und selbst wenn die »innere Welt« vermeintlich zivilisierter schien, so galt dieser Grundsatz auch dort nicht für alle Menschen. Der aufkommende Industriekapitalismus und seine Fabriken brauchten dringend Arbeitskräfte, und da man die eigene Bevölkerung nicht versklaven durfte, fand man Mittel und Wege, um vor allem die Schwächeren in einer paternalistisch geprägten Gesellschaft noch mehr auszubeuten: Frauen und Kinder. So schrieb die *Edinburgh Review* noch 1835, dass Fabriken »die besten und wichtigsten Lehranstalten für Kinder« seien. Kinderarbeit war der Standard. Und junge, unverheiratete Frauen stellten meist die Mehrheit der Baumwollarbeiter dar, wobei sie schon damals 40 bis 50 Prozent weniger als die Männer verdienten, wie man in dem Buch *King Cotton* nachlesen kann. Immerhin sind wir 200 Jahre später »nur« noch bei einem Gehaltsunterschied von mindestens 20 Prozent, und Kinderarbeit gibt es »nur« noch im globalen Süden.

Was dieser kurze und auf keinen Fall vollständige Ritt

durch die geschichtliche Entwicklung der Wirtschaft eindeutig zeigt, vor allem in Anbetracht der Lage unserer Welt: Unsere Werte fußen seit Jahrhunderten auf einem unvollständigen, menschenverachtenden Narrativ. Menschenverachtend, weil es dem Diktum der Gewinnoptimierung und unbegrenzten Wachstums folgt. Unvollständig, weil gerne ausgelassen wird, dass Ausbeutung ein fester Bestandteil dieser Art der Wirtschaftsführung ist.

UNFUCK UNGLEICHHEIT

Der 24. April 2013 begann in Dhaka, der Hauptstadt von Bangladesch, wie jeder andere Tag. Menschen strömten in einem nicht enden wollenden Fluss durch die Stadt. Fahrräder klingelten, Tuk-Tuks hupten, Busse schnauften. Ein unendlicher Strom von Menschen, viele von ihnen auf dem Weg in einen der Vororte, in denen sich die großen Fabriken der Textilindustrie Bangladeschs befinden. Die Textilindustrie ist im Land für mehr als zehn Prozent des BIPs verantwortlich, rund 80 Prozent der Exporte werden in dieser Branche erwirtschaftet. Fast zwei Drittel aller Textilexporte gehen in die EU – vor allem nach Deutschland, dem weltweit größten Abnehmer von T-Shirts, Hosen und Hemden *Made in Bangladesh.*[8] Etwa 3,5 Millionen Bangladeschi arbeiten in der Textilindustrie, 80 Prozent davon sind Frauen. 2013 liegt ihr monatlicher Verdienst im Durchschnitt bei 40 Euro, sie arbeiten in der Regel mehr als zehn Stunden pro Tag, die meisten von ihnen, seitdem sie elf, zwölf Jahre alt sind. Viele Näherinnen können kaum lesen oder schreiben, sie leben in den Slums unweit der Fabriken und machen sich Morgen für Morgen, sechs Tage die Woche, manche auch sieben, in ihren bunten Saris auf den Weg. So auch an diesem Morgen

---

8 https://www.hz.de/panorama/textilindustrie-bangladesch-harter-kampf-um-fairen-lohn-40814594.html

des 24. April 2013. Niemand von ihnen ahnte, dass sich der Vorort Sabhar noch am selben Tag in ein Katastrophengebiet verwandeln würde. Niemand ahnte, dass sich für 3.573 Menschen und ihre Familien an diesem 24. April alles verändern würde: Der Tod von 1.134 Menschen in dem schwersten Fabrikunfall in der Geschichte des Landes, die Bilder von blutüberströmten Arbeitern, die sich durch meterhohe Trümmer kämpften, die Schreie der Verletzten und derer, die um ihre Angehörigen trauerten, machten aus dem 24. April 2013 einen Tag wie keinen anderen.

Dieser eine Tag führte uns erbarmungslos vor Augen, dass unsere moderne westliche Welt mit unserer Work-Life-Balance, unseren Smartphones und unserem Internet vielleicht doch nicht so modern ist. Denn obwohl seit dem Beginn des Kriegskapitalismus schon über 200 Jahre vergangen sind, stürzte mit dieser Fabrik in Rana Plaza auch die Vorstellung ein, unsere Wirtschaftsordnung agiere heute wesentlich menschlicher und fairer. Das darauffolgende »Innehalten«, wenn man überhaupt davon sprechen kann, dauerte allerdings nicht sehr lange an. Schon kurz darauf ging alles wieder seinen gewohnten Weg, denn der nächste Sommerschlussverkauf stand an.

Ungleichheit ist nicht nur ein soziales Problem. Ungleichheit schwächt Volkswirtschaften und bietet den Nährboden für Rassismus und den Erfolg populistischer Parteien. Als 1789 in Paris unter dem Motto *Liberté, Egalité, Fraternité!* die Bastille gestürmt wurde, zeigte sich die revolutionäre Sprengkraft, die sich in Ungleichheit verbirgt. Wenn wir heute über Ungleichheit sprechen, denken wir an die ungleiche Verteilung von Ressourcen wie Vermögen und Einkommen. Eine aktuelle Studie des Arbeitsministeriums[9] zeigt, dass die Vermögensverteilung in Deutschland noch ungleicher ist, als bisher angenommen: Den obersten zehn Prozent der Bevölkerung gehören nicht etwa wie bisher geschätzt 59 Prozent der Vermögen, nein, sie besitzen rund zwei Drittel (bezieht sich auf das Nettovermögen, also nach Abzug aller Schulden). Und die zweite Zahl, die aus der Studie hervorgeht, ist noch erschreckender: 50 Prozent der Erwachsenen in Deutschland besitzen rund 98,6 Prozent des Gesamtnettovermögens, die andere Hälfte besitzt lediglich 1,4 Prozent. Und natürlich muss man sagen, dass in Deutschland immerhin noch ein relativ ausgeprägtes Sozialsystem existiert, mit dem immerhin versucht wird, diese Unterschiede ein wenig abzufedern. Schaut man sich die Ungleichheit weltweit an, sind die Unterschiede noch gravierender: Etwa ein Prozent der Bevölkerung besitzt 50 Prozent des weltweiten Vermögens, im Jahre 2018 kontrollierten 26 Milliardäre die Hälfte des gesamten Vermögens weltweit. Die globale Ungleichheit wirkt sich nicht nur auf Vermögen und Einkommen der Menschen, sondern auf ihre Lebenserwartung und andere Bereiche ihres Lebens aus, wie beispielsweise ihre Chancen auf Bildung.

Nun, was hat die Wirtschaft damit zu tun? Ziemlich viel!

Die Wirtschaft trägt erheblich zur Ungleichheit bei, weil Gewinne nicht fair auf alle Beteiligten der Wertschöpfungskette verteilt werden, sondern hauptsächlich an die Shareholder bzw. Eigentümer fließen.

Natürlich brauchen wir globale Wertschöpfungsketten: Die Tatsache, dass Produkte heutzutage länderübergreifend

---

9 https://www.zeit.de/wirtschaft/2020-07/vermoegensverteilung-deutschland-diw-studie-ungleichheit

hergestellt werden können, ist ein wichtiger Bestandteil der Wirtschaftsförderung, gerade in Entwicklungs- und Schwellenländern. Das gilt aber im Prinzip erst dann, wenn auch die Wertschöpfung vor Ort stattfindet und die lokale Wirtschaft davon profitiert, wenn also Kautschuk vor Ort zu höherwertigen Produkten verarbeitet wird, wenn wir Kakao nicht nur importieren, sondern die Schokolade vor Ort produziert wird. Globale Wertschöpfungsketten können mehr und bessere Arbeitsplätze sowie einen Transfer von höher entwickelten Technologien und besserem Wissen ermöglichen. Das Shareholder-Prinzip verhindert jedoch oft, dass globale Wertschöpfungsketten fair und für alle gleich gewinnbringend sind.

Wenn wir Ungleichheit aus einer wirtschaftlichen Perspektive betrachten, müssen wir deswegen vor allem das Shareholder-Prinzip infrage stellen: Der Gewinn für die Anteilseigner, der Profit und Unternehmenswert als reiner Selbstzweck darf nicht das einzige Leitprinzip sein. Das Shareholder-Value-Credo als Anleitung für die Unternehmensführung, ausschließlich im Sinne der Anteilseigner mit dem einzigen Ziel zu handeln, den langfristigen Unternehmenswert durch höchstmögliche Gewinne und Erhöhung der Eigenkapitalrendite zu maximieren, sollte längst ausgedient haben. Stattdessen brauchen wir eine Wirtschaftsordnung, die verantwortungsbewusster und vor allem nachhaltiger ist, denn »ein toter Planet ist auch schlecht für die Wirtschaft«.[10] Für eine solcherart neue Wirtschaftsordnung braucht es mehr als nur Lippenbekenntnisse. Was ich damit meine? Wenn sich, wie beispielsweise 2019 in den USA geschehen, fast 200 Geschäftsführer

---

10 Einer der beliebtesten Sprüche auf Plakaten bei den Fridays-for-Future-Protesten.

von führenden Unternehmen wie Apple, Walmart und Pepsi im Rahmen des *Business Roundtable* – einer Lobbyorganisation – getroffen haben, um neue Grundsätze zur Unternehmensführung festzulegen, mag das grundsätzlich erst einmal toll klingen: In diesem Fall haben die genannten Unternehmen bekanntgegeben, dass sie sich vom alleinigen Wohl der Anteilseigner distanzieren und stattdessen auf Investitionen in Mitarbeiter_innen, Umweltschutz und einen fairen und ethischen Umgang mit Zulieferern konzentrieren wollen. Damit reagiere man auf Umfragen der *Voter Study Group*, wonach viele Amerikaner radikale Veränderungen in der Wirtschaft befürworten. Klingt ja erst mal schön und gut, aber es folgt das große Aber: Wirklich geändert hat sich in den Unternehmen nichts! Und das ist ein Problem.

Doch nicht nur das Shareholder-Prinzip muss infrage gestellt werden, sondern auch, anhand welcher Indizes wirtschaftliche Erfolge und die Erfolge eines Landes gemessen werden. Denn diese Indizes sagen oft nichts über das Wohlbefinden der Menschen oder Umwelt aus. Vor allem die Messung des Wirtschaftswachstums in Form des Bruttoinlandsprodukts (kurz: BIP), *der* zentralen Größe der Wirtschaftspolitik, muss man kritisch sehen. Bisher gilt nämlich: Solange das BIP jährlich um zwei Prozent wächst, sind alle glücklich und zufrieden, dabei hat das BIP viel weniger mit Lebensqualität, Gemeinwohl und Zufriedenheit zu tun, als die meisten Menschen denken. Es ist eigentlich nur ein Indikator für die Leistungsfähigkeit einer Volkswirtschaft, wobei ins BIP sogar Finanzderivate mit einfließen, die nichts mit Realwirtschaft zu tun haben. Den wirtschaftlichen Erfolg eines Landes ausschließlich anhand seines BIPs zu messen, führt außerdem dazu, dass Wirtschaft und Politik alles an dieser »Fortschrittsampel« ausrichtet, und je nachdem, ob sie auf Rot, Gelb oder Grün schaltet, wird entsprechend nachjustiert. Dass die Ampel auch Grün anzeigt, wenn zum Beispiel Bienen aussterben, die uns ihre Dienstleistungen zuvor kostenlos, wenn vielleicht auch nicht ganz freiwillig angeboten haben (und Unternehmen stattdessen Roboterbienen bauen, wie es Maja Göpel in ihrem neuen Buch *Unsere Welt neu denken* aufzeigt), oder wenn Krankenhäuser und Pflegeheime durch das Einsparen von Arbeitskräften eine höhere Rendite einfahren, kommt einem spätestens in der aktuellen Corona-Krise absurd vor. Auch dass die private Pflege und Betreuung der Kinder und Senioren sowie Hausarbeit (sogenannte *care work*) überhaupt nicht in diese Ampel einfließen, ist schwer nachzuvollziehen. Wir müssen aufhören, unseren Wohlstand nur über Wachstum zu definieren. Wir müssen aufhören, immer nur über Wachstum zu reden. Um unsere Wirtschaft wirklich zu unfucken, brauchen wir nicht mehr, sondern weniger: weniger Konsum, weniger Ressourcenverbrauch, weniger Wachstum in vielen Bereichen, während andere Bereiche wie beispielsweise erneuerbare Energie und regenerative Landwirtschaft natürlich wachsen müssen.

Wenn wir über Ungleichheit reden, müssen wir auch über die politischen Folgen von Ungleichheit reden: Die sogenannten »Montagsdemonstrationen« gegen das Hartz-IV-Reformpaket im Jahre 2004, die Sozialproteste in vielen europäischen Ländern und Israel in 2011 und 2012, die Gelbwestenbewegung und Fridays-for-Future-Proteste sind nur einige Beispiele dafür, wie Menschen selbst in Industrienationen für mehr Gerechtigkeit auf die Straße gingen und gehen. Nicht selten wurden die Protestbewegungen von extremistischen Gruppen unterwandert, was wiederum zeigt, wie gefährlich die ungleiche Verteilung für uns alle ist. Ein stark ansteigender Populismus von rechts (und in wenigen Fällen von links) ist sowohl eine Folge dieser Protestbewegungen, die man in vielen Ländern weltweit beobachten konnte, als auch ein weiteres Resultat von Ungleichheit: Denn natürlich führt sie direkt oder indirekt zur sogenannten Arbeitsmigration von Menschen, die ihre Heimatländer aus ökonomischen Gründen verlassen. Begriffe wie »Wirtschaftsflüchtling« und »Asylmissbrauch« werden von Zuwanderungsgegner_innen genutzt, um antidemokratische Stimmung zu machen – über die Hintergründe der Zuwanderung, die weltweite Ungleichheit und die Verantwortung der Wirtschaft hingegen wird selten diskutiert.

Wir müssen aber nicht nur über populistische Parteien und politische Kampagnen sprechen, die die Folgen von Ungleichheit für ihre Zwecke instrumentalisieren, sondern auch über Rassismus, denn Rassismus ist ein wichtiger Bestandteil aller Formen der Ausbeutung. Rassismus ist eine treibende Kraft in der Geschichte des Kapitalismus (wie im vorherigen Kapitel dargestellt), er ist ein Konstrukt, das wir noch einmal genauer betrachten müssen, wenn wir über Ungleichheit reden. Da irgendwann doch Zweifel aufkamen, Menschen wie Waren oder Tiere zu behandeln, da es kaum mit der aufklärerischen Maxime »Freiheit, Gleichheit, Brüderlichkeit« zu vereinbaren war, hat der Kapitalismus eine kreative Lösung gefunden: die Rassenlehre. Wobei dies natürlich nicht heißen soll, dass sich andere Wirtschafts- und Gesellschaftsordnungen rassistische Zuschreibungen nicht angeeignet hätten; man denke nur an den deutschen Nationalsozialismus, der seinen Judenhass ebenfalls dazu nutzte, um sich an den Vermögen der Juden zu bereichern. Der Rassismus, vorgeblich legitimiert durch diverse Rassenlehren, ist eine Pseudowissenschaft, die sich bis heute hartnäckig hält, obwohl sie jeder wissenschaftlichen Grundlage entbehrt. Aber mit ihrer Hilfe ließ sich dieser innere Widerspruch, die sogenannte *kognitive Dissonanz*, lösen und legitimierte damit im Nachgang das Herrschaftssystem mit weltweitem Sklavenhandel und die gewaltsame Ausbeutung, Unterwerfung und teilweise Ausrottung von Menschen. Führende Aufklärer und Philosophen wie Kant und Hegel befeuerten diesen Zustand sogar; hierzu eine kleine Kostprobe von Kant:

»Die Menschheit ist in ihrer größten Vollkommenheit in der Rasse der Weißen. Die gelben Indianer haben schon ein geringeres Talent. Die N**** sind weit tiefer, und am tiefsten steht ein Teil der amerikanischen Völkerschaften. […] Die N**** von Afrika haben von der Natur kein Gefühl, welches über das Läppische stiege.«

Eindrucksvoll beschreibt Sven Beckert in seinem Buch *King Cotton* viele bis heute gültige Wirtschaftszustände, und das anhand eines einzigen Handelsguts, das ihr als Leser_in vermutlich auch gerade am eigenen Leib tragt: Baumwolle. 900 Jahre lang, von 1000–1900, bildete die Baumwollindustrie das wichtigste verarbeitende Gewerbe weltweit und war wesentlicher Treiber der Globalisierung. Auch wenn wir uns den Kapitalismus und die Industrialisierung meist in den Städten vorstellen, mit allerlei Maschinen, rauchenden Fabriken und Eisenbahnen, so fand ein großer Teil in ländlichen Regionen statt. Enteignung, Sklaverei und Kolonialismus gehörten zur Tagesordnung. Das war bei Weitem auch keine reine Männersache, so wurde das Baumwollimperium hauptsächlich von Frauen geschaffen, auch wenn sie – wie fast immer in der Menschheitsgeschichte – nicht davon profitierten. Als ich dieses Buch, für das der Autor unzählige Archive in der ganzen Welt durchforstet hat, zum ersten Mal las, war ich erschüttert darüber, wie kaltherzig und menschenverachtend Händler Hand in Hand mit den jeweiligen Machthabern in Europa agierten. Handelsgesellschaften mit so harmlos klingenden Namen wie *British East India Company, Vereenigde Oost-Indische Compagnie, Dansk Ostindiske Kompagni* oder *Compagnie des Indes Francaise* dienten nicht nur dem Export und Import von Waren (wohlgemerkt waren damals auch Sklaven nur eine »Ware«!), sondern waren auch bis an die Zähne bewaffnet. Nicht nur unternehmerisches Geschick und Einfallsreichtum ließ sie so erfolgreich und mächtig werden, sondern vor allem die Bereitschaft, andere Kulturen zugunsten von Profitmaximierung auszubeuten, zu versklaven und bei zu viel Widerstand auch ganz auszulöschen.

Diese einfache Gleichung – imperiale Expansion plus Enteignung plus Sklaverei ergibt maximalen Profit – erklärt weitestgehend unseren bis heute anhaltenden Reichtum im globalen Norden und die Armut im globalen Süden. Millionen Menschen, vor allem aus Afrika, wurden gewaltsam entführt und versklavt, um größtenteils auf Baumwollplantagen in Nordamerika zu arbeiten. Noch dazu auf jenem Land, welches zuvor gewaltsam indigenen Ureinwohnern wie den Muskogee, Chickasaw und Choctaws entrissen wurde.

Doch nicht nur fördert die derzeitige Wirtschaftsordnung bis heute Rassismus, auch Frauen litten und leiden immer noch erheblich unter Ungleichheit. Nehmen wir das Beispiel Bundesrepublik: Nicht nur verdienen sie meist selbst dann deutlich weniger, wenn sie in der gleichen Position wie ein männlicher Kollege arbeiten, sie werden auch immer noch in die wirtschaftliche Abhängigkeit und Altersarmut gedrängt: Weil sie bis heute hauptsächlich für die Kinderbetreuung und

Haushaltsarbeit verantwortlich sind, weil sie oft fast komplett allein den gesamten *Mental Load* der Familie tragen, der das Organisieren von Haushalt und Familie, die Beziehungspflege sowie das Auffangen persönlicher Bedürfnisse und Befindlichkeiten umfasst – und sich diese Tätigkeiten weder in der Rente noch im BIP widerspiegeln.[11] Das Ergebnis der jüngsten Zeitverwendungserhebungen des Statistischen Bundesamts[12] zeigt, dass Frauen insgesamt eine Stunde mehr als Männer arbeiten, davon zwei Drittel unbezahlt. Diese Arbeit ist aber nicht nur unbezahlt, sie bleibt unsichtbar, oder wie von der ZEIT-Kolumnistin Elisabeth Raether gefragt:[13] »Wer hat das blütenweiße Hemd vom CEO gebügelt oder zumindest von der Reinigung abgeholt? Wer hat das Frühstück bereitet? Wer sorgt dafür, dass die Vollzeitarbeitnehmer, die 50, 60, 70 Stunden die Woche im Büro verbringen, auch ein Zuhause haben? Wer bringt ihren Kindern bei, mit Messer und Gabel zu essen?« Und dann natürlich noch: Wer organisiert die Nachmittagskurse der Kinder? Wer weiß, wie die besten Freunde der Kin-

---

11 Der Begriff *mental load* (deutsch etwa: *mentale Auslastung*) beschreibt den Gesamtaufwand und die entsprechenden Mehrbelastungen, die durch Arbeit im Haushalt und Kindererziehung entstehen. Über die Summe der praktischen Aufgaben hinaus umfasst der Mental Load auch die Last der alltäglichen Verantwortung für das Organisieren von Haushalt und Familie, die Beziehungspflege sowie das Auffangen persönlicher Bedürfnisse und Befindlichkeiten. Was zusätzlich dazu führt, dass Frauen weniger Zeit für Hobbys und Ausgleich haben. Siehe auch: https://www.deutschlandfunkkultur.de/mental-load-wie-gerechte-arbeitsteilung-in-der-familie.976.de.html?dram:article_id=471456.

12 Die letzte große Zeitverwendungserhebung liegt leider schon etwas zurück und stammt aus einer Studie von 2012/13: https://www.destatis.de/DE/Themen/Gesellschaft-Umwelt/Einkommen-Konsum-Lebensbedingungen/Zeitverwendung/_inhalt.html

13 https://www.zeit.de/wirtschaft/2020-05/wirtschaftskrise-frauen-coronavirus-berufe-krankenpflege-altenpflege

der heißen und mit wem es gerade Stress gab und so weiter und so fort.

Die von Firmen oft propagierte »Vereinbarkeit von Familie und Beruf« ist immer noch in der Hauptsache eine Angelegenheit der Frauen, dabei haben die meisten Kinder auch einen Vater. Weltweit werden 75 Prozent der unbezahlten Arbeit von Frauen verrichtet, womit natürlich weniger Zeit für bezahlte Arbeit bleibt. In Großbritannien bilden Frauen beispielsweise 75 Prozent der in Teilzeit Beschäftigten, und Teilzeit arbeiten bedeutet im Schnitt 46 Prozent weniger Rente.[14] Deutschland stellt hier sogar das Schlusslicht im OECD-Vergleich dar. In keinem anderen europäischen OECD-Land trägt die Frau so wenig zum Haushaltseinkommen bei wie in Deutschland. 37,5 Prozent der erwerbstätigen Frauen arbeiten in Deutschland in Teilzeit, das liegt weit über dem OECD-Durchschnitt von 25 Prozent.[15] Kein Wunder, dass Männer in einer solchen Welt steil Karriere machen können, wenn sie abends einen mit den Vorgesetzten trinken gehen und dabei so manche Unternehmensentscheidung getroffen wird, während die Kollegin zu Hause ihre Kinder ins Bett bringt und sich am nächsten Tag wundert, warum sich die Unternehmens-Strategie plötzlich geändert hat. Im Grunde subventionieren Frauen durch ihre unbezahlte Arbeit die (Männer-)Wirtschaft. Wenn man bezahlte und unbezahlte Arbeit addiert, arbeiten Frauen also mehr als Männer, was wiederum zu gesundheitlichen Problemen führt. Eine Studie aus Großbritannien zeigte, dass Frauen aller Altersgruppen am Arbeitsplatz mehr Stress, Angst und Depressionen erleben als Männer. Um genau zu

---

14 Das geht aus der OECD-Studie »Renten auf einen Blick 2019« hervor.
15 https://www.oecd.org/germany/Gender2017-DEU-de.pdf

sein: Sie sind um 53 Prozent gestresster als Männer, was unter anderem auch daran liegt, dass sie oftmals den Großteil oder gleich kompletten Mental Load tragen. Und wenn frau dann am Arbeitsplatz ist, wird sie weiter benachteiligt. Schutzkleidung zum Beispiel wird normalerweise für männliche Körper hergestellt, was bei schusssicheren Westen im Polizeidienst nicht mehr ganz so witzig ist, wenn sie nicht wie angegossen sitzen. Der Weg zur Arbeit und generell die Fahrt mit dem Auto ist für Frauen gefährlicher, weil die Crash-Test-Dummys männlichen Körpern nachempfunden sind, was sich negativ bei einem Unfall auswirken kann: Die Wahrscheinlichkeit, bei einem Autounfall verletzt zu werden, ist für eine Frau 47 Prozent höher als bei Männern, und die Wahrscheinlichkeit zu sterben um 17 Prozent. Selbst die (von Männern) empfohlene Raumtemperatur ist fünf Grad zu kalt für eine durchschnittliche Frau. Ich war zutiefst geschockt, als mir diese und mehr Fakten im Buch von Caroline Criado-Perez mit dem bezeichnenden Titel *Unsichtbare Frauen* zum ersten Mal begegneten. Frauen stellen 50 Prozent der Bevölkerung dar, und doch sind wir noch Lichtjahre entfernt von der Gleichberechtigung. Auch hier können Männer wieder froh sein, dass Frauen nur Gerechtigkeit wollen und keine Rache. Mal ganz abgesehen davon, dass die Ungleichbehandlung wirtschaftlich nicht einmal sinnvoll ist.

Und jetzt haben wir noch nicht einmal über die Themen Inklusion, Intersektionalität oder darüber gesprochen, wie ungleich LGBTQIA+-Menschen sowie Menschen mit Migrationshintergrund bis heute von der Wirtschaft behandelt werden.

Obwohl wir uns in diesem Buch auf ein paar ausgewählte Themen wie Ungleichheit, Klima- und Biodiversitätskrise, Politik, Arbeitskultur und Corona und ihre Beziehung zur

Wirtschaft konzentrieren, so ist dennoch wichtig zu betonen, dass sie alle miteinander zusammenhängen und deswegen auch gemeinsam angegangen werden müssen. So ist beispielsweise eine höhere Besteuerung von Benzin und Diesel sinnvoll, wenn man CO_2 reduzieren und das Klima schützen will; die Maßnahme sollte aber nicht zu Lasten der Schwächeren in der Gesellschaft und somit auf Kosten der sozialen Gerechtigkeit (siehe Gelbwestenbewegung) gehen. Auch der automatisch einsetzende Aufschrei des Entsetzens, wenn es um die Abholzung des Regenwalds in Brasilien oder Indonesien geht, sollte nicht unberücksichtigt lassen, dass wir in Europa unsere Urwälder längst abgeholzt und die wirtschaftlichen Früchte bereits geerntet haben, jetzt aber anderen Ländern vorschreiben wollen, was sie zu tun und zu lassen haben. Der Wissenschaftler Ha-Joon Chang von der Universität Cambridge umschreibt dieses Prinzip übrigens mit »kicking away the ladder«: Man kickt die Leiter weg, auf der man zuvor selbst emporgestiegen ist.

Okay, die Wirtschaft trägt also eine große Schuld, aber sie kann auch der Schlüssel zur Lösung werden!

2014, nach sieben – meist gescheiterten – Firmengründungen und der Sinnkrise am Ende dieser Reise, wurde mir bewusst, dass ich nicht länger Teil dieser abgefuckten Version der Wirtschaft sein wollte. Aber geht Wirtschaft überhaupt anders? Gibt es eine Version von Wirtschaft, die weder Mensch noch Natur abfuckt? Gibt es das richtige (Wirtschafts-)Leben im falschen überhaupt? So manche Stimme aus dem linken Lager verneint diese Frage äußerst entschlossen. Aber wie sollen die Produkte des täglichen Lebens dann hergestellt werden? Wir besitzen definitiv alle viel zu viel unnötigen Kram (ein/e Durchschnittseuropäer_in etwa 10.000 Dinge), und der

Konsum kann auf keinen Fall weitergehen wie bisher, aber Essen und Kleidung werden wir vermutlich immer brauchen. Ab und zu wollen wir auch von A nach B kommen, und selbst wenn wir uns dazu aufs Fahrrad setzen, muss das Fahrrad ja gebaut werden; da Kautschuk für die Reifen nicht in Deutschland wächst, müssen wir ihn aus Südostasien importieren.

Glücklicherweise traf ich einen Gleichgesinnten, der sich in einer ähnlichen Sinnkrise befand. Ironischerweise lernten Philip Siefer und ich uns in einem amerikanischen Verband namens *Entrepreneur's Organization* kennen. Wir waren Teil des *Accelerator Programs*, das ein wesentliches Ziel kannte: die erste Umsatzmillion knacken.

Spoiler: die Million haben wir damals in unseren alten Start-ups nicht geknackt, aber wir entschlossen uns, eine Art wirtschaftliches Testlabor zu gründen. Wir wussten, dass wir eine andere Wirtschaft haben wollten, aber wir wussten nicht wie. Es gab nämlich nur Beispiele und Vorbilder aus der alten Welt, und unser Studium bot uns da keine Hilfe. Wir beschlossen kühn, alles einfach zu ignorieren, was wir zuvor während des Studiums oder unserer Beratertätigkeiten gelernt hatten (addiert immerhin fast zwanzig Jahre Erfahrung). Nur so konnten wir sichergehen, dass wir nicht dieselben Fehler machten, die zu den beschriebenen Problemen führten.

Eine Frage, die sich alle Gründer_innen gleich zu Beginn stellen müssen, ist die Frage der Finanzierung. Spannenderweise ist diese Frage auch entscheidend für das Thema Ungleichheit in der Welt, denn wie ein Unternehmen ausgerichtet ist, entscheidet auch darüber, wer in dem Unternehmen wie viel verdient. Natürlich schaffen es nur wenige Start-ups über die kritischen Anfangsjahre hinaus, das weiß ich mit so viel gescheiterten Unternehmungen am besten, und Gründer_ innen gehen oft ein enormes finanzielles und persönliches Risiko ein, aber ist die Kompensation der Gründenden und deren Investoren gerecht, wenn ein Start-up doch erfolgreich wird? Und wer hat alles zum Erfolg beigetragen? Bei einem Exit, also einem Unternehmensverkauf, gehen die meisten Mitarbeitenden leer aus, während die Gründer_innen und Investoren fast die ganzen Früchte der Wertschöpfung ernten. Mal abgesehen davon, dass Mitarbeiter_innen auch nicht mitentscheiden können, wer neuer Eigentümer wird, versucht dieser natürlich, den Kaufpreis so schnell wie möglich wieder reinzuholen, indem er den Unternehmenswert durch noch schnelleres Wachstum und Kostenreduzierung weiter steigert. Ziemlich viele tolle Start-ups wurden so zum Teil des Problems, obwohl sie als Lösung angetreten sind. So wurde zum Beispiel *The Body Shop* als ethisches Kosmetikunternehmen gegründet, aber spätestens seit dem Verkauf an L'Oréal klaffen hier Anspruch und Umsetzung gravierend auseinander.

Die Lösung: Wir müssen Eigentum neu denken.

Wir haben uns bei der Gründung von *einhorn* entschieden, wenn irgendwie möglich, keine Investoren an Bord zu holen, um diesem Teufelskreis zu entgehen; außerdem hätte unser geplantes crazy »Wirtschaftslabor« niemals die Zustimmung oder einen Euro von Investoren erhalten. Um die Zukunft unseres Unternehmens und damit das Gemeinwohl aller Beteiligten auf mehreren Kontinenten nicht von der Willkür der beiden Gründer (oder eines Tages ihrer Kinder) abhängig zu machen, haben wir unser Unternehmen am 18.12.2019 an sich selbst verschenkt. Wir sind damit Teil der noch jungen *Purpose*-Bewegung (auch die Suchmaschine *Ecosia* ist beispielsweise dabei und gehört sich selbst) und Gründungsmitglieder der *Stiftung Verantwortungseigentum*. Durch diesen Schritt haben wir verhindert, dass unser Unternehmen jemals verkauft oder vererbt werden kann. Gewinne der Firma dürfen nicht aus der Firma entnommen werden, auch nicht von uns Gründern, und die Stimmrechte des Unternehmens müssen immer bei Mitarbeiter_innen der Firma liegen. Das ist übrigens nichts völlig Neues, sondern historisch bewährte Praxis, wie sie Bosch, Zeiss oder in Teilen die Drogeriekette dm durch Stiftungskonstrukte bereits umgesetzt haben. Diese Konstrukte sind für die meisten Unternehmen leider viel zu komplex, zu teuer und bieten auch nicht ausreichend Rechtssicherheit. Allein die Anwaltskosten für die Ausarbeitung des passenden Stiftungskonstrukts – Bosch zum Beispiel hat ein Doppelstiftungsmodell – sind unglaublich hoch und binden zudem viele interne Ressourcen. Deswegen setzt sich die Purpose-Bewegung für eine alternative Rechtsform zur GmbH ein, die weitaus günstiger ist und zudem mehr Rechtssicherheit bieten soll. Was passiert, wenn ein Großteil der Wirtschaft zu Verantwortungs- statt Vermögenseigentum wechselt und die Werteorientierung in der Firmen-DNA rechtlich bindend verankert, sieht man am Beispiel Dänemarks. 60 Prozent der gesamten Marktkapitalisierung des dänischen Aktienindex wird von Unternehmen in Verantwortungseigentum repräsentiert. Studien der Universitäten von Kopenhagen und Yale haben herausgefunden, dass die Unternehmen ohne Shareholder-Kontrolle über einen Zeitraum von 40 Jahren eine sechs Mal höhere Überlebenschance haben. Dieses Ergebnis überrascht mich nicht, denn wenn die Verantwortung für ein Unternehmen bei den Menschen liegt, die darin arbeiten, dann handeln diese auch viel verantwortungsbewusster und nachhaltiger als »Fremdeigentümer_innen«, die gegebenenfalls weder eine Verbindung zum noch Interesse am Tagesgeschäft haben. Keine Kontakte zu den Kunden oder Lieferanten pflegen. Keine Mitarbeitenden-Gespräche führen. Für sie zählen oftmals nur gewinnmaximierende Entscheidungen, getrieben von dreimonatigen Berichtszyklen des Aktienmarkts, und sie erleben meist nicht unmittelbar, wie sich solche Entscheidungen zu Lasten von Partnern, Kunden und Mitarbeitenden auswirken. Damit überhaupt mal jemand merkt, dass der Kostenreduzierungsdruck zu weit geht, muss schon ein Fabrikgebäude einstürzen, wobei über 1.000 Menschen sterben und die ganze Welt darüber berichtet. Meistens jedoch erfährt niemand von den Missständen, oder man will schlichtweg nichts davon wissen. Und selbst wenn, wie im Falle des Bangladescher Fabrikunglücks, das ganze Elend nicht mehr ignoriert werden kann, wird trotzdem kurze Zeit später fröhlich weiter gewinnmaximiert.

Die Studie aus Dänemark zeigt übrigens auch, dass Unternehmen in Verantwortungseigentum auch für die Mitarbeitenden besser sind: Arbeitsplätze sind sicherer, die Bezahlung ist besser, die Mitarbeitenden und speziell Führungskräfte bleiben länger bei der Firma, die Frauenquote ist höher. All diese Erkenntnisse kann ich übrigens aus eigener Erfahrung bei *einhorn* bestätigen.

Ich habe mehrere »klassische« Firmengründungen mit einigen Millionen Venture Capital an die Wand gefahren, doch die Hippie-Firma *einhorn*, die sich selbst gehört, ist ironischerweise die mit Abstand erfolgreichste. Wenn Gewinn nicht mehr Selbstzweck ist, sondern Mittel zum Zweck, um die Welt ein Stückchen besser zu machen, dann haben wir schon maßgeblich zum Titel dieses Buches beigetragen: Unfuck the economy.

Weitere Instrumente, um die Ungleichheit in Unternehmen zu reduzieren, sind Gehaltstransparenz, die Beschränkung der Gehälter nach unten und oben sowie eine echte Chancengleichheit für alle Mitarbeitenden. Ein Vorstandsmitglied eines DAX-Konzerns verdient 52 Mal so viel wie eine durchschnittliche Angestellte, bei VW sind es sogar 97 Mal so viel. Bei *einhorn* darf das höchste Gehalt maximal drei Mal so hoch ausfallen wie das niedrigste. Gehaltstransparenz ist insbesondere für die Benachteiligung von Frauen interessant, da sie im Durchschnitt 20 Prozent schlechter bezahlt werden und die Transparenz diese Lücken aufdeckt. Frauen sind in der Regel auch auf der Verliererstraße, wenn es um die Frage geht, wer nach der Geburt von Kindern zu Hause bleibt. Deswegen bekommen alle frischgebackenen Eltern bei *einhorn* eine Gehaltserhöhung von 400 Euro netto, sodass die Gehaltsfrage als Argument in der Verhandlung mit dem eigenen Partner entfällt (Männer verdienen oft mehr als ihre Partnerinnen und bleiben deshalb seltener zu Hause) – das funktioniert bei uns vor allem deshalb sehr gut, weil ein Großteil unserer Mitarbeitenden Frauen sind und weil unsere männlichen Mitarbeiter sich der Geschlechterungleichheit sehr bewusst sind und die Elternzeit mit ihren Partnerinnen teilen. Mit flexiblen Arbeitszeiten, freier Arbeitsplatzwahl, unbefristeten Verträgen, selbstbestimmtem Wechsel von Teil- zu Vollzeit oder andersrum und unbeschränktem Urlaub ermöglichen wir sowohl den kinderlosen *einhörnern* als auch den Müttern und Vätern eine individuelle Anpassung der Arbeitssituation an ihre Bedürfnisse im Leben und nicht andersrum. Der einzige Nachteil besteht darin, dass die familienfreundliche Unternehmensphilosophie vermutlich zu mehr Nachwuchs führt, aus PR-Sicht für eine Kondomfirma eher suboptimal …

Durch diese Maßnahmen tragen wir unseren Teil für mehr

soziale Gerechtigkeit in Deutschland und somit dem globalen Norden bei, aber was ist mit dem globalen Süden, wo die Ungleichheit viel dramatischere Züge annimmt? Wie viele andere Firmen beziehen wir die Rohstoffe für unsere Produkte aus dem globalen Süden, in unserem Fall Kautschuk für die Kondome aus Thailand und Malaysia und Biobaumwolle für unsere Menstruationsprodukte, unter anderem aus Tansania und Indien. Hier muss man zuallererst für Transparenz in der Wertschöpfungskette sorgen, und damit meine ich nicht einen PR-wirksamen Besuch in einer Fabrik oder einer Plantage, gefolgt von einem tollen Siegel. Ich meine wirklich enge Zusammenarbeit mit Einheimischen und regelmäßige Präsenz vor Ort, denn nur so versteht man die Mechanismen und schafft ein Vertrauensverhältnis. Nur so versteht man, in welchem sozialen Kontext man sich bewegt, und kann auf Augenhöhe mit den Partnern zusammenarbeiten, ihre Perspektive auf Fairness und Nachhaltigkeit wirklich verstehen und langfristig etwas bewegen. Diese Aufgabe stemmt bei *einhorn* ein gesondertes Team, das *fairstainability*-Team, das etwa 20 bis 25 Prozent aller unserer Mitarbeitenden ausmacht und ein bis zwei Monate pro Jahr im Ausland verbringt. Ein Team, das noch vor einem Sales-Team fest eingestellt wurde und lange bevor das Unternehmen profitabel war. Mit dieser Herangehensweise konnten wir zum Beispiel das Vertrauen des Kautschukplantagenbesitzers in Malaysia gewinnen und den Kautschukzapfern dort etwa 15 Prozent (zusätzlich zu ihrem Lohn) als Prämie direkt und ohne Mittelsmänner auszahlen. Außerdem rüsteten wir sie mit neuen Gummistiefeln und Arbeitsgeräten aus, obwohl die Plantage gar kein direkter Partner von uns ist.

Vielleicht denkt ihr jetzt, dass dieser Aufwand aber nur bei kleinen Firmen funktioniert. Dann sage ich euch gerne, was Elisa Naranjo, unsere *Head of fairstainability*, auf diese häufig gestellte Frage meistens antwortet: »Wenn 20 bis 25 Prozent der Mitarbeitenden in einem Konzern für die Nachhaltigkeitsabteilung arbeiten würden, bei Nestlé zum Beispiel entspräche das 77.000 Mitarbeitenden, dann würde das auch gehen«, und die Diskussion ist damit meistens beendet. Manchmal meldet sich dann noch eine Führungskraft und entgegnet: »Aber wie soll man das alles bezahlen? Wir haben dafür kein Budget.« Mal unabhängig davon, dass es einen schon stutzig machen müsste, dass ein junges Start-up wie *einhorn* diese Kosten aufbringen kann, aber ein Großkonzern nicht, ist die Frage tatsächlich spannend. Grundsätzlich stimme ich dem Fragesteller zu: Es ist nämlich wirklich kein Budget mehr übrig für Nachhaltigkeit, wenn die potenziell verfügbaren Mittel den Aktionären in Form von Dividenden und dem Top-Management in Form von Boni ausgezahlt wurden. Vor allem aber ist kein Budget dafür da, wenn man es nicht von Anfang an will – so ermitteln wir bei *einhorn* den *fairstainability* Fußabdruck, *bevor* wir ein neues Produkt lancieren. Wo wir mit dem Lieferanten gemeinsam hin wollen, ist die wichtigste Frage bei den ersten Lieferantengesprächen, nicht der Preis oder der Umfang der Bestellung.

Kleine und erst recht große Unternehmen können also eine Menge gegen Ungleichheit machen, und wenn sie es nicht freiwillig tun, dann muss der Staat nachhelfen. Das Ganze ist vergleichbar mit einem Fußballspiel. Niemand würde auch nur auf die Idee kommen, dass Fußball ohne Regeln und Schiedsrichter_in besser wäre. Man kann sich über Schiedsrichterentscheidungen streiten, und einzelne Anpassungen von Regeln sind sicher immer wieder nötig – aber wir sollten uns alle einig sein, dass Fußball ohne Regeln und Schiedsrichter_innen im Chaos endet und im schlimmsten Fall zahlreiche verletzte Spieler_innen zur Folge hätte. Unsere Verletzten auf dem Spielfeld Wirtschaft sind das Klima, Millionen vom Aussterben bedrohte Tierarten, die Vermüllung der Ozeane. Und unser Chaos besteht darin, dass einige Spieler_innen die andere Mannschaft dazu zwingen, auf allen vieren zu spielen, während sie ihr eigenes Tor zugemauert haben. Sie verhindern auch, dass die andere Mannschaft anständig trainieren kann, gute Sportausrüstung sowie Zugang zu gesunder Ernährung und medizinischer Betreuung bekommt.

Und während die meisten von uns Sklaverei und Kinderarbeit mittlerweile verwerflich finden, sollte es doch genauso normal werden, dass man als Wirtschaft weder Menschen noch Umwelt abfuckt. Es sollte normal werden, dass Unternehmen ihren ökologischen und sozialen Fußabdruck kennen und entsprechend agieren. Wie konnte es so weit kommen, dass wir akzeptieren, dass es als normal gilt, dass die Wirtschaft so funktioniert, wie sie funktioniert?

Lasst uns also auch in der Wirtschaft vernünftige Regeln aufstellen und ein paar alte Regeln diskutieren. Lasst uns die Schiedsrichtenden, also unsere Politik, mit entsprechender Macht ausstatten.

Lasst uns den solidarischen Sportsgeist mit dem Fairplay-Gedanken auch in der Wirtschaft wiederentdecken.

UNFUCK KLIMA- UND BIODIVERSITÄTSKRISE

Der Borkenkäfer sieht eigentlich harmlos aus, ein bisschen wie eine zu dunkel geratene Kellerassel vielleicht. Der Borkenkäfer ist eigentlich auch harmlos. Er liebt Fichten, die sich normalerweise problemlos gegen ihn wehren können, indem sie ihn in ihrem Harz quasi ersticken. Wenn die Nadelbäume aber geschwächt sind, der Baum aufgrund von Flüssigkeitsmangel und Hitze nicht genug Harz produzieren kann oder in einem von Monokultur geprägten Wald steht, verwandelt sich der harmlose Borkenkäfer in fünf Millimeter pure Zerstörung. Dann bohrt er sich gemeinsam mit Tausenden anderen Borkenkäfern in den Stamm der Fichte und legt dort seine Brutsysteme ab. Dann färbt sich das satte Grün der Nadelkrone in ein stumpfes Braunrot. Der Baum stirbt. Dann der Nachbarbaum. Dann der Nachbarbaum vom Nachbarbaum. Wenn so ganze Wälder zerstört werden – immerhin ist die Fichte die in Deutschland häufigste Baumart, und die Umwandlung von Fichtenforsten in Mischwälder geht noch immer zu langsam voran[16] –, spricht man von »Käferjahren«.

---

16 Noch in den 1970er-Jahren mussten viele deutsche Mischwälder großflächigen Fichten-Pflanzungen weichen. 1986 legte man das »Nürnberger Reichswaldprogramm« auf. Das waren die Anfänge – der Waldumbau ist noch längst nicht abgeschlossen. Dieser Waldumbau ist aber dringend nötig,

2018 war so ein »Käferjahr«. In diesem Jahr erlebten wir den schlimmsten Borkenkäferbefall seit dem Zweiten Weltkrieg. Warum gerade 2018? Im Dürresommer 2018 waren die Fichten so geschwächt, dass sie kein Harz zur Abwehr der Käfer mehr produzieren konnten. Der Klimawandel und die Auswirkung von Monokulturen waren im deutschen Wald angekommen.

Der Klimawandel bedroht nicht nur den Lebensraum Wald und damit auch seine gesamte Artenvielfalt, sondern auch seine Funktionen, wie die Erholungs-, die Klimaschutz-, die Bodenschutz- und die Nutzfunktion. Der Klimawandel gefährdet einzelne Baumarten, aber auch ganze Waldökosysteme. Seit Mitte des 19. Jahrhunderts hat sich die globale Temperatur um fast ein Grad erhöht. Diese anhaltende Temperaturerhöhung ist vorwiegend eine Folge menschlicher Aktivitäten, vor allem der Ausstoß von sogenannten Treibhausgasen ist problematisch. Den Hauptanteil des vom Menschen verursachten Treibhauseffektes stellt mit 60 Prozent das Kohlendioxid (CO_2) dar[17], das durch das Verbrennen fossiler Energieträger wie Kohle oder Öl, Waldrodungen, Bodenerosion sowie Holzverbrennung freigesetzt wird. In Deutschland entlasten die Wälder die Atmosphäre jährlich um rund 62 Millionen Tonnen Kohlendioxid, damit kompensieren sie etwa sieben

---

denn im Fichtenwald wachsen vor allem Fichten nach, andere Sorten wie Ahorn, Tanne und Buche haben es sehr schwer. Außerdem kommt zu wenig Regen und Schnee durch das Kronendach. All das benötigen aber Kräuter, Sträucher und andere Bäume – nebenbei auch Tiere als Nahrung und Lebensraum.

17 Darüber hinaus gibt es weitere Treibhausgase wie Methan und Lachgas, die zum Teil deutlich klimaschädlicher sind als CO_2.

Prozent der Emissionen im Land.[18] Deswegen ist der Wald so wichtig, deswegen ist der Klimawandel so gefährlich. Auch in Deutschland.

Im Gegensatz zum vorherigen Kapitel UNFUCK Ungleichheit, bei dem man geschichtlich ausholen musste, um das Zusammenspiel von Ungleichheit, Diskriminierung und Rassismus mit Wirtschaft zu verstehen, ist der Fall bei der Klima- und Biodiversitätskrise glasklar: Die Wirtschaft ist dafür direkt und indirekt hauptsächlich verantwortlich, wir haben diese Erkenntnis seit rund 50 Jahren;[19] und für rund 98 Prozent der Wissenschaftler_innen besteht darüber nicht der geringste Zweifel.

Glasklar ist auch, dass wir alle mit rasender Geschwindigkeit auf einen Abgrund zurasen, aber nur wenige am Steuer sitzen, und vielleicht werden wir diesen Absturz nicht überleben. Und wenn doch, dann werden die Folgen nach dem Absturz für die Lebensqualität dramatisch, vor allem für unsere Kinder und Enkelkinder. Statt zu bremsen, beschleunigen wir jedoch, denn 50 Prozent des von Menschen verursachten CO_2 haben wir in den letzten 30 Jahren in die Luft geblasen, obwohl wir da schon um die negativen Folgen wussten. Und auch bis zur Corona-Krise beschleunigten wir jedes Jahr massiv. Selbst neuere Klima-Abkommen, wie das von 195 Ländern 2015 in Paris unterzeichnete Schriftstück, um die Erderwärmung unter zwei Grad Celsius zu halten, hatten keinerlei bremsende Wirkung. Auch wenn der Abgrund bereits breit in der Öffentlich-

---

18 Angaben des Thünen-Instituts, bezogen auf Zahlen von 2017.
19 World3 Studie »Grenzen des Wachstums«.

keit diskutiert wurde, auch dank der Fridays-for-Future-Bewegung, so möchte ich trotzdem ein paar Punkte hervorheben, weil man oft vergisst oder verdrängt, wie dramatisch die Lage ist.

Wenn wir die Erderwärmung nicht unter zwei Grad Celsius halten, sondern so weitermachen wie bisher mit dem CO_2-Ausstoß und anderen Treibhausgasen, und wenn wir unseren Konsum nicht überdenken, dann erleben wir spätestens im Jahr 2100 ziemlich wahrscheinlich folgende Szenarien, neben vielen anderen:

- Drei von vier Menschen auf der Welt werden vom Tod durch Überhitzung gefährdet sein, dabei trifft es die ärmsten im globalen Süden am härtesten. Schon jetzt sterben jedes Jahr in mehr als 60 Regionen auf der Welt Menschen an den Folgen von extremer Hitze.[20]
- Wir werden eine Erderwärmung von vier Grad erleben, schon 2070 wird ein Drittel der Weltbevölkerung in Gegenden mit einer Durchschnittstemperatur (!) von 29 Grad leben müssen.[21]
- In einigen Regionen wird es noch häufiger zu extremen Wetterereignissen und zunehmenden Niederschlägen kommen, während andernorts verstärkt extreme Hitzewellen und Dürren auftreten, die zu Ertragseinbrüchen in der Landwirtschaft oder anderen Problemen führen können,

---

20 https://www.nationalgeographic.de/umwelt/2017/06/bis-2100-koennte-der-grossteil-der-menschheit-von-toedlicher-hitze-bedroht-sein

21 https://www.spiegel.de/wissenschaft/mensch/klimawandel-ein-drittel-der-weltbevoelkerung-koennte-2070-unter-grosser-hitze-leiden-a-b01f2fcc-d347-442d-bfd4-882e5a1ba2ac

auf die wiederum Hunger und Armut folgen, die wiederum eine Migrationsbewegung in Gang setzen und so weiter.

• Wasser dehnt sich bei Erwärmung aus, gleichzeitig schmelzen infolge der Erderwärmung die polaren Eiskappen und Gletscher. Im Jahr 2100 wird der Meeresspiegel in einigen Gebieten um einen Meter gestiegen sein, 680 Millionen Menschen in Küstengebieten werden ihr Zuhause verlieren, und auf bis zu 40 Prozent der Landmasse werden völlig neuartige klimatische Bedingungen vorherrschen.

• Gleichzeitig schätzen die Vereinten Nationen, dass bis 2100 circa 11 Milliarden Menschen die Erde (aktuell 7,5 Milliarden) bevölkern, was wiederum Herausforderungen für das Klima birgt – vor allem wenn diese Menschen weiterhin so viele fossile Brennstoffe nutzen und damit den CO_2-Ausstoß erhöhen und den Klimawandel beschleunigen.

• Bereits 2050 schwimmt in den Ozeanen mehr Plastik als Fische.

• Experten berichten, dass der Artenschwund heute schon zehn- bis hundertmal schneller als während der letzten zehn Millionen Jahre verläuft. Mehr als eine Million Tier- und Pflanzenarten sind bereits ausgestorben. Bis 2100 könnte mehr als die Hälfte der Vögel und Säugetiere Afrikas allein durch den Klimawandel aussterben.[22]

• Und das Schlimmste: 2100 haben wir die Kipp-Punkte[23] be-

---

22 Bericht des Weltbiodiversitätsrats IPBES 2018.

23 Als Kippelement wird in der Erdsystemforschung ein überregionaler Bestandteil des globalen Klimasystems bezeichnet, der bereits durch geringe äußere Einflüsse in einen neuen Zustand versetzt werden kann, wenn er einen »Kipp-Punkt« erreicht hat. Diese Änderungen können sich abrupt vollziehen und zum Teil unumkehrbar sein. Kipp-Punkte sind u.a. das Abschmelzen des sommerlichen arktischen Meereises und des grönländischen Eisschilds, Entwaldung des tropischen Regenwaldes sowie das Absterben

reits hinter uns gelassen, somit ist der Klimawandel unumkehrbar. Zu diesem Zeitpunkt haben wir es – im Gegensatz zu heute – nicht mehr selbst in der Hand, den Klimawandel proaktiv zu beeinflussen. Wir werden zum Spielball unseres Klimas.

Allein die Tatsache, dass ein beträchtlicher Teil der Erde unbewohnbar sein wird, aber die Bewohner_innen der Erde bis 2050 um fast 50 Prozent zunehmen werden,[24] lässt erahnen, welche Konflikte und Kriege uns alle in Zukunft erwarten. Schwer zu glauben? Dann stellt euch einfach eine vierköpfige Familie in einem 20 Quadratmeter großen Zimmer vor. Dann entfernt man sieben Quadratmeter, aber quartiert noch ein schwangeres Pärchen ein, sodass jetzt sechs Menschen auf 13 Quadratmetern wohnen. Und vor der Tür stehen noch zwei Cousins, die ebenfalls einziehen wollen. Viel Spaß.

Hunderte Millionen Menschen werden auf der Flucht in noch bewohnbare Erdteile sein, und Deutschland gehört wegen seiner nördlichen Lage und seines Wohlstands mit Sicherheit dazu. Wenn man bedenkt, welchen Höhenflug die AfD bereits bei einer Million geflüchteten Menschen in Deutschland in 2015 erlebt hat, wird einem ganz mulmig zumute, was uns noch bevorstehen könnte.

Wir müssen uns beeilen und jetzt Maßnahmen ergreifen, um die Klimakatastrophe abzuschwächen. Nicht nur, weil wir die

---

von Korallenriffen. Siehe auch: https://www.umweltbundesamt.de/sites/default/files/medien/publikation/long/3283.pdf

24 Das berechnet eine Studie des französischen Forschungsinstituts Ined von 2017.

Klima-Kipp-Punkte innerhalb der nächsten acht bis zwölf Jahre erreichen, wenn wir den CO_2-Ausstoß nicht drastisch senken, sondern weil auch schon die ersten Stimmen laut werden, aufgrund der derzeitigen Corona-Krise bereits verabschiedete Klimaschutzbestimmungen wieder zurückzunehmen.[25] Das dürfen wir nicht zulassen, und mit »wir« meine ich an erster Stelle vor allem den globalen Norden, insbesondere die USA und Europa. Immer wieder wird zwar populistisch behauptet, die eigentlichen CO_2-Verursacher seien China, Indien oder Russland und wir in Deutschland müssen deswegen weniger tun, aber in Wirklichkeit beruht unser Wohlstand ja auf einem CO_2-Kredit, den wir seit 1850, also seit dem Beginn der Industrialisierung, in Anspruch nehmen. Europa und die USA haben laut einer Studie des *World Resources Institute* bis 2011 zusammen 52 Prozent der kumulativen Emissionen weltweit verursacht. Die meisten CO_2-Emissionen finden auf absehbare Zeit weiterhin in den reichen Ländern statt, Regionen mit starkem Bevölkerungswachstum, zum Beispiel Afrika, tragen hingegen derzeit wenig zu den Gesamtemissionen bei. Dazu kommt, dass wir natürlich ebenfalls für den CO_2-Ausstoß mitverantwortlich sind, wenn wir in Ländern wie China und Indien produzieren lassen.

Der CO_2-Ausstoß pro Kopf beträgt in Deutschland pro Jahr knapp 10 Tonnen, in China 7,5 Tonnen und in Indien dagegen unter zwei Tonnen.[26] Dass die Aufnahmefähigkeit der Atmo-

---

25 https://www.spiegel.de/wissenschaft/mensch/klimapaket-der-bundesregierung-wie-die-corona-krise-die-klimapolitik-ausbremsen-koennte-a-4c0f36a0-68ca-43ac-866f-1fcc9cbb884d

26 Da es in Indien aber viel mehr Menschen gibt, ist das Land trotzdem einer der größten CO_2-Verursacher der Welt. 2016 hatte Indien mit 6,2 Prozent nach China (28 Prozent) und den USA (16 Prozent) den dritthöchsten Anteil

sphäre überschritten ist, liegt vor allem am verschwenderisch hohen Energie- und Ressourcenverbrauch in fast allen Industriestaaten. Entscheidend ist nicht nur, wie und wo die Bevölkerung wächst, sondern die Art und Weise, wie wir leben und wie wir produzieren. Wie eine Studie des Umweltbundesamts (UBA) aufzeigt, steigt der Verbrauch von Energie und Ressourcen mit dem Gehalt, oder wie die frühere UBA-Präsidentin Maria Krautzberger es ausdrückte: »Mehr Einkommen fließt allzu oft in schwerere Autos, größere Wohnungen und häufigere Flugreisen – auch wenn die Menschen sich ansonsten im Alltag umweltbewusst verhalten. Aber gerade diese ›Big Points‹ beeinflussen die Ökobilanz des Menschen am stärksten. Der Kauf von Bio-Lebensmitteln oder eine gute Mülltrennung wiegen das nicht auf.«[27]

Wenn wir über die Art und Weise sprechen, wie wir leben, müssen wir auch über unseren Konsum von tierischen Produkten sprechen. Für viele Menschen ist dieses Thema ein rotes Tuch, niemand möchte gesagt bekommen, was er essen darf und was nicht. Aber wenn wir über die Klimakrise sprechen, müssen wir den Einfluss der Landwirtschaft darauf zumindest anerkennen. Die Mengen an Vieh, die überall auf der Welt gehalten werden, die Menge an Futter, die für dieses Vieh benötigt wird, die Mengen an Wasser und Land (entweder direkt oder indirekt für den Futteranbau), die zur Vieh-

---

an den globalen CO_2-Emissionen. Zugleich gehört Indien zu den Ländern mit einer vergleichsweise hohen Geburtenrate. Sie beträgt rund 2,4 Kinder pro Frau. In Deutschland liegt die Zahl derweil bloß bei 1,4, in Nordamerika bei 1,7.

27 https://www.umweltbundesamt.de/presse/pressemitteilungen/wer-mehr-verdient-lebt-meist-umweltschaedlicher

zucht nötig sind, haben einen direkten Einfluss auf unser Klima. Sie haben einen direkten Einfluss auf die Abholzung von Wäldern, auf die Verschmutzung der Ozeane, ja sogar auf die Biodiversität. Etwa 37 Prozent der weltweiten Landfläche, ca. 5 Milliarden Hektar, sind landwirtschaftliche Nutzfläche. Rund 33 Prozent davon werden allein auf die Produktion von Viehfutter verwendet.[28] Ein Bericht der Ernährungs- und Landwirtschaftsorganisation der Vereinten Nationen zeigt auf, dass die Viehzucht, vor allem von Rindern und Milchkühen, für 14,5 Prozent der durch Menschen verursachten CO_2-Ausstöße verantwortlich ist.[29] Das Umweltbundesamt gibt außerdem an, dass 2018 ganze 63 Prozent der gesamten Methan- (30 Mal klimaschädlicher als CO_2) und sogar 79 Prozent der Lachgas-Emissionen (ein Treibhausgas, das rund 300 Mal so klimaschädlich ist wie CO_2) in Deutschland aus der Landwirtschaft stammten.[30,31]

Da die Wirtschaft der direkte und indirekte Hauptverursacher dieser Klima- und Biodiversitätskrise ist, ist sie auch der Schlüssel zur Lösung. Start-ups, Mittelstand und auch große Unternehmen mit einem neuen *mindset* und Verantwortungsgefühl für die Menschheit und Mutter Erde können jetzt ihre Innovationsfreude, ihren Unternehmer_innengeist einsetzen und so helfen, eine neue Welt aufzubauen. Den

---

28 https://www.umweltbundesamt.de/sites/default/files/medien/479/publikationen/globale_landflaechen_biomasse_bf_klein.pdf

29 http://www.fao.org/3/a-i3437e.pdf

30 https://www.umweltbundesamt.de/themen/boden-landwirtschaft/umweltbelastungen-der-landwirtschaft/lachgas-methan

31 In unserem Kapitel (UN)FUCK Corona werden wir noch detaillierter auf dieses Thema eingehen.

Unternehmen und Konzernen, die das nicht wollen und eine neue Wirtschaftswelt sogar sabotieren, weil sie um das Wohl ihrer Shareholder fürchten, sollte die Politik ganz klar die Rote Karte zeigen (mehr dazu im Kapitel UNFUCK Politik). Schön ist: Sie lassen sich relativ leicht identifizieren. Gerade einmal 100 Unternehmen sind für 71 Prozent der globalen jährlichen Emissionen zuständig.[32] Und nein, das heißt nicht, dass die anderen Unternehmen fein raus sind, denn sie beziehen und bezahlen ja ihre Energie und Rohstoffe von diesen Top 100 Unternehmen und sind deswegen genauso mitverantwortlich.

Also los, packen wir's an!

Aber was heißt das genau? Und was heißt das für ein Unternehmen? Und geht das überhaupt, also fair und nachhaltig wirtschaften und dabei wirtschaftlich erfolgreich sein? Das wussten wir, mein Mitgründer Philip Siefer und ich, vor sechs Jahren auch noch nicht. Deswegen starteten wir, wie bereits im Kapitel UNFUCK Ungleichheit erwähnt, unser Wirtschaftslabor *einhorn*. Jedes noch so nachhaltige Unternehmen hinterlässt durch seine Tätigkeit, ob Dienstleistung oder Produkt, erst mal einen negativen ökologischen Fußabdruck, da spielt es keine Rolle, wie nachhaltig wir sind und wie sehr wir uns bemühen, CO_2 einzusparen. Es wird CO_2 verursacht durch das Reisen, man braucht Energie für die Produktion, für die Beheizung der Büroräume, für die Server, auf denen unsere Webseite läuft…

Für jedes *einhorn*-Kondom haben wir einen Fußabdruck

---

32 Aus dem CDP's Carbon Majors Report 2017.

von 9,45 g CO_2-Äquivalenten berechnet (inklusive der Flüge unseres Teams im Rahmen von Geschäftsreisen). 5,99 g entstehen in der Produktion, 2,97 g beim Transport von Malaysia nach Deutschland und 0,36 g auf der Plantage und bei der Latexaufbereitung. Wir oder besser gesagt unser *fairstainability-einhorn* Maik Birnbach hat sogar die erste Life-Cycle-Analyse[33] für Kondome in seiner Masterarbeit erstellt und erfolgreich veröffentlicht.

Neben den spannenden Erkenntnissen, auf welchen verschiedenen Ebenen ein Produkt einen *Impact* hat, zeigt der Fall *einhorn* deutlich, dass selbst junge, kleine Start-ups ohne jegliche Ressourcen und Investoren solche Analysen durchführen können. Kein Unternehmen der Welt kann behaupten, es sei zu aufwendig oder zu teuer, den ökologischen Fußabdruck der eigenen Produkte zu messen. Man kann sich einfach an einer Universität nach interessierten Studierenden erkundigen oder beauftragt ein professionelles Unternehmen, von denen es inzwischen sehr viele gibt.

Nachdem wir also wussten, welchen Fußabdruck unsere Kondome haben und bei welchem Schritt wie viel CO_2 entsteht, arbeiteten wir zunächst auf eine Reduktion hin, indem wir unseren Kondomproduzenten RRT in Malaysia in seinen Bemühungen ermutigten, eine Solaranlage auf die Produktionshalle zu bauen. Wir konnten durch eine Optimierung unserer Chipstüte, in der die *einhorn*-Kondome verkauft werden, insgesamt fünf Tonnen CO_2 pro Jahr einsparen, sie kann jetzt auch im Altpapier entsorgt werden. Darüber hinaus haben wir die Transportwege nochmal optimiert. Am Ende entsteht

---

33 https://link.springer.com/article/10.1007/s11367-019-01701-y

dennoch CO_2, welches kompensiert werden muss. So haben wir in 2019 für Kondome und Menstruationsprodukte knapp 395 Tonnen CO_2 ausgestoßen, das wir dadurch kompensieren, indem wir 3.579 Bäume in der größten von Menschen gemachten Wüste Europas im Norden von Spanien in der Nähe von Tarilonte de la Peña pflanzen lassen.[34] Aber auch wenn Aufforstung ein Weg zum Ausgleich ist, so dürfen wir nicht vergessen, dass es unsere erste Pflicht ist, die Abholzung ausgewachsener Bäume zu verhindern. So achten wir zum Beispiel auf entwaldungsfreie Lieferketten, es darf als kein Boden frisch gerodet werden, damit man darauf Kautschukbäume (in Monokultur) pflanzen kann. Bäume sind die natürlichsten und wahrscheinlich effizientesten CO_2-Kompensatoren, und sie liefern zudem noch weitere Ökosystemleistungen wie frische Luft, auch wenn diese natürlich nicht in unsere BIP-Berechnungen einfließen. Ähnlich wie im Beispiel der Roboterbienen würde der Bau von teuren CO_2-Absauganlagen das BIP steigen lassen, aber die bessere Lösung für das Klima wäre das nicht.

3.759 Bäume, das entspricht rund 700 Tonnen CO_2-Kompensation und kostete *einhorn* etwa 12.000 EUR. Gemessen am Jahresumsatz von *einhorn* entsprechen diese 12.000 EUR gerade mal 0,22 Prozent. Man stelle sich mal vor, ein Konzern wie

---

34 Wir haben uns das Projekt ausgesucht, weil dort Bäume in verwüsteten Landteilen gepflanzt werden, wo die Umwelt sich nicht alleine regenerieren würde. Die Überlebensrate der angepflanzten Bäume liegt bei über 90 Prozent. Die Bäume werden nicht in Monokultur angebaut, sondern es sind endemische (also dort beheimatete) unterschiedliche Arten. Das Projekt wird zusammen mit der lokalen Bevölkerung umgesetzt und gehört am Ende der Community.

Volkswagen, immerhin verantwortlich für ganze zwei Prozent der globalen weltweiten Emissionen[35], würde ebenfalls in die Kompensationsarbeit einsteigen und Bäume pflanzen lassen: Bei einem Umsatz von 252,6 Mrd. Euro aus dem Jahr 2019 kämen 0,22 Prozent über 555 Millionen Euro gleich, also eine Menge Bäume. Eigentlich müssten sie weitaus mehr kompensieren, denn der CO_2-Fußabdruck von Kondomen und Autos im Verkehr lässt sich natürlich kaum vergleichen. Wenn man bedenkt, dass VW selbst 2020, also im Corona-Krisenjahr, 3,3 Milliarden an Dividenden auszahlen will,[36] und das, obwohl 80.000 VW-Mitarbeiter_innen in Deutschland Kurzarbeitergeld auf Kosten der Steuerzahlenden beziehen, während der Konzern auch noch eine steuerfinanzierte Abwrackprämie fordert, ist das schon mehr als grotesk.

Doch die Klimakrise ist nicht unser einziges Problem. Nicht wenige Wissenschaftler_innen sagen, dass die Biodiversitätskrise die wahre Krise des 21. Jahrhunderts ist. Und die Klimakrise verstärkt die Biodiversitätskrise, weil die Geosphäre eng mit der Biosphäre verknüpft ist. Biodiversität, also biologische Vielfalt, wird in drei Teilbereichen gemessen: Zahl der Varianten unter Mitgliedern derselben Art (genetische Vielfalt aller Gene innerhalb einer Art), Artenvielfalt und die Menge der Ökosysteme. Bevor wir uns bei *einhorn* mit Biodiversität beschäftigt haben, war mir die Bedeutung von Biodiversität nicht wirklich klar. Ich dachte, dann gibt es halt ein paar Tigerarten und Schmetterlinge weniger, das ist

---

35 Laut eines exklusiven Berichts der Wirtschafts-Woche von 2019.
36 https://www.faz.net/aktuell/finanzen/staatshilfen-regierung-will-dividenden-untersagen-16744593.html

megaschade, aber doch kein Grund, dass die Wissenschaftler_innen aus diesen Disziplinen so laut schreien, als ginge es ums Überleben der ganzen Menschheit. Etwas später verstand ich, dass es tatsächlich um unser Überleben geht. Wir leben im Zeitalter des Anthropozän. Matthias Glaubrecht, Evolutionsbiologe und Wissenschaftshistoriker, beschreibt in seinem Essay *Das Verschwinden der Arten ist die Krise des Jahrhunderts*[37] den Menschen in dieser Phase als entscheidenden Evolutionsfaktor, der die geologischen, biologischen und ökologischen Prozesse am stärksten antreibt. Oder anders gesagt: Er ist das größte Raubtier und der gefährlichste Plünderer des Planeten. Inzwischen herrschen wir über zwei Drittel der Landoberfläche, die wir mit Städten, Industriegebieten, Straßen, Vieh- und Ackerflächen zupflastern. Auf jedem Quadratmeter Erde lastet im Schnitt 50 Kilogramm Beton, Zement, Metall und Plastik. Wir machen aus natürlichen Wäldern Ackerflächen oder Monokulturen,[38] begradigen Flüsse und überdüngen Böden. Wir jagen und wildern und verbrauchen im Übermaß Ressourcen und Lebensraum. Wenn deswegen Arten verschwinden, bringt das die Welt, in der wir leben, aus dem Gleichgewicht: Nicht nur werden die großen, aus unserer Sicht charismatischen Tierarten wie etwa Tiger, Gorillas, Elefanten oder Nashörner ausgestorben sein, sondern vor allem Tausende Insekten, Vögel und Fische und andere, die wichtige Bestandteile unseres Ökosystems bilden. Dadurch geht nicht nur die genetische Vielfalt entscheidend zurück, sondern die Systeme, in denen wir leben

---

37 Erschienen 2020 im *Tagesspiegel*.

38 So haben wir im vergangenen halben Jahrhundert weltweit etwa die Hälfte der Waldökosysteme verloren, von denen es bald keine großen zusammenhängenden mehr geben wird.

und die aufeinander abgestimmt sind, geraten ins Ungleichgewicht. Die vielfältigen Folgen können wir schon jetzt beobachten, wenn ganze Regionen verarmen, weil die Böden unfruchtbar oder die Meere leer gefischt sind. Eine Vielzahl einschlägiger Studien zeigt, dass auf allen sechs Kontinenten und in sämtlichen Lebensräumen die Bestände und Vorkommen von immer mehr Arten in dramatischer Weise und immer schneller schrumpfen. Analysen des Weltbiodiversitätsrats machen deutlich, dass bis Mitte des 21. Jahrhunderts bis zu eine Millionen größerer und bekannterer Tier- und Pflanzenarten verschwinden. Und ja, es gab bereits fünf Mal Massensterben in der Erdgeschichte, aber dieses Mal passiert es auf einem dicht von Menschen besiedelten Planeten – und wir sind ganz allein dafür verantwortlich.

Wie bereits gesagt, nutzen wir etwa 37 Prozent der weltweiten Fläche für die Landwirtschaft oder circa 5 Milliarden Hektar. Im Vergleich: Die Waldfläche beträgt derzeit circa 3,9 Milliarden Hektar.[39]

Und vor allem diese landwirtschaftlich genutzten Flächen, besser gesagt die Art und Weise und das Ausmaß, wie wir sie bewirtschaften, könnten nicht nur für eine Million Tier- und Pflanzenarten das Ende bedeuten, sondern auch für einen Teil der Menschheit. Denn obwohl Landwirtschaft hauptsächlich dafür sorgen soll, dass die Menschen ernährt werden, könnte sie genau das Gegenteil bewirken. Pflanzen brauchen Insekten wie die Bienen zur Bestäubung, und genau sie drohen durch unsere Monokulturen auf den Ackerflächen und den

---

39 Nach Angaben des Berichts *Globale Landflächen und Biomasse nachhaltig und ressourcenschonend nutzen* des Umweltbundesamts (2013).

dafür benötigten Pestizideinsatz zu verschwinden. Allein in Deutschland sind davon drei Viertel der Fluginsekten betroffen. Aber nicht nur Insekten braucht der Mensch für nährstoffreiche Nahrung[40], sondern auch die ungesehene Arbeit der Makro- und Mikroorganismen im Boden. Diese unbezahlten Ökosystemleistungen, die natürlich wieder nicht in das BIP einfließen, könnten bald nicht mehr verfügbar sein. Nicht weil uns die Bienen wegen schlechter Arbeitsbedingungen gekündigt haben oder streiken, sondern weil wir sie und ihre Ökosysteme vielleicht vernichtet haben. Zusätzlich steht uns noch ein großes Bevölkerungswachstum bevor, sodass immer mehr Menschen immer weniger Nahrung vorfinden werden, was zu Hunger, Migration, heftigen Verteilungskämpfen und Kriegen führen wird.

Genau vor dieser Herausforderung standen wir auch als Unternehmen im Jahr 2015. Denn wir tragen mit dem Produkt Kondom, welches hauptsächlich aus dem Naturrohstoff Kautschuk besteht, zum Problem bei. Kautschuk wird vor allem in Südostasien fast immer in Monokulturen angebaut. Also reiste ich persönlich für einige Zeit nach Malaysia, um die Wertschöpfungskette unseres dortigen Kondomproduzenten Klaus Richter besser zu verstehen. Mir wurde schnell klar, dass wir ein Nachhaltigkeitsteam bei *einhorn* brauchten, jenes oben bereits erwähnte *fairstainability*-Team, wenn wir es wirklich ernst meinen mit der Fairness und der Nachhaltigkeit inklusive Biodiversitätsschutz in unseren Lieferketten. Noch bevor

---

40 Wobei in vielen Obst- und Gemüsesorten die Zahl der Nährstoffe wie Vitamin C, A und B, Magnesium sowie Kupfer in den letzten Jahrzehnten extrem zurückgegangen ist, siehe: https://www.derstandard.at/story/1742592/weniger-vitamine-im-apfel

wir feste Mitarbeiter_innen für Sales oder Marketing hatten, wie es sonst üblich wäre, haben wir Elisa Naranjo fest eingestellt. Wir hatten also zu Beginn niemanden Speziellen, der uns unsere Gehälter überweist, aber Elisa, die sich genau anschaute, wo der Kautschuk herkam. Und es war klar, dass diese Arbeit nicht nur aus dem klimatisierten Büro in Berlin stattfinden kann, sondern viel Präsenz vor Ort bedeutet, um Vertrauen zu den Stakeholdern aufzubauen. Bis heute verbringt Linda Preil, *Head of rubber projects*, ein bis zwei Monate im Jahr in Malaysia und Thailand, um sich hauptsächlich um faire Arbeitsbedingungen für Kautschukzapfer_innen und Bäuer_innen und ganz aktuell um den Biodiversitätsschutz im Kautschukanbau zu kümmern. Gerade arbeitet sie mit zwei lokalen Berater_innen daran, Bäuer_innen in unsere Lieferkette zu integrieren, die Kautschuk in Agroforstsystemen[41] im Süden Thailands anbauen. Das Besondere an den Agroforstsystemen ist, dass auch andere Pflanzen- und Baumarten zwischen den Kautschukbäumen gepflanzt werden. Denn das Laub unterschiedlicher Pflanzen trägt zu einer schnelleren Zersetzung und damit einem höheren Nährstoffgehalt des Bodens bei und sorgt darüber hinaus sogar für einen besseren Kautschuk-Ertrag, während gleichzeitig Düngemittelkosten gespart werden können. Auf den Agroforstplantagen dienen Weberameisen als natürliche Pestizide, und ihre Eier werden

---

41 Laut dem Informationsportal Ökolandbau.de werden bei der Agroforstwirtschaft Bäume und andere mehrjährige holzige Pflanzen auf einer landwirtschaftlich genutzten Fläche etabliert, um die positiven Wechselwirkungen zwischen beiden Komponenten zu nutzen. Dabei kann die Fläche unter den Bäumen entweder für garten- und ackerbauliche Kulturen, als Weidefläche oder in einer Kombination von beiden genutzt werden. Ziel ist es, die Felder ökonomisch, ökologisch und auch landschaftsästhetisch aufzuwerten.

sogar gegessen und auf Märkten verkauft. Herbizide werden erst gar nicht benötigt, da »Unkraut« durch den vermehrten Schatten anderer Pflanzen kaum Chancen hat, sich auszubreiten.

Nebenbei binden die Agroforstsysteme CO_2 besser und geben zudem Früchte und Gewürze ab, die Bauern und Bäuerinnen selbst nutzen oder weiterverkaufen können, um ihr Einkommen aufzubessern. Dieser Mischwald ist widerstandsfähiger in Dürrezeiten, da die unterschiedlichen Wurzeln besser Wasser speichern, und sorgt auch für bessere Arbeitsbedingungen bei den Bäuer_innen, denn er reduziert nachweislich die durchschnittliche Temperatur um vier Grad. Das klingt jetzt alles nach Win-win-Situation, und es drängt sich natürlich die Frage auf: Warum machen das dann nicht alle anderen auch so? Es bedeutet eben auch viel Arbeit für die Bäuer_innen, ständig zu prüfen, was der Boden genau braucht, und eben auch viel Experimentierfreude. Die Macht der Gewohnheit zu durchbrechen, den Boden so wie immer schon zu bewirtschaften, erfordert einen Kraftakt von allen Seiten. Das Ergebnis ist ein intakteres Ökosystem mit gesünderen Böden, weitaus mehr Insekten, Vögeln und sonstigen Tieren. Warum das so wichtig ist? Es ist der Gegenentwurf zu den sogenannten *empty forests,* die man überall in Südostasien auf Kautschuk- und Palmölplantagen vorfinden kann. Als ich das erste Mal in Malaysia eine solche Kautschukplantage besuchte, konnte ich kaum glauben, dass ich in einem Wald mit lauter Bäumen stehe – ich hörte nicht ein einziges Geräusch. Und auch ein Blick auf den Boden entsetzte mich: Es waren keinerlei Unkraut oder andere Pflanzen zu sehen, weil sie durch den ständigen Einsatz von Herbiziden wegradiert wurden. Als wir vor einigen Jahren gemeinsam mit einem

Wissenschaftler der Universität Hohenheim nach alternativen Methoden für Unkrautbekämpfung auf den konventionellen Plantagen in Malaysia suchten, erkundigten wir uns bei den dortigen Plantagenbetreibern, woher sie ihre Empfehlungen zum Spritzen von Herbiziden nahmen. Die einhellige Antwort war: vom staatlichen *Rubber Board* Malaysias. Und als wir uns diese Richtlinien auf einem Prospekt zeigen ließen, sahen wir dort als Urheber des Dokuments nicht nur die staatliche Einrichtung, sondern auch das inzwischen zur Bayer AG gehörende Unternehmen Monsanto. Da wunderte es uns dann auch nicht mehr, dass hauptsächlich das Produkt *Round Up* von Monsanto, vielleicht besser bekannt als Glyphosat, auf den Plantagen verwendet wurde. Ich glaube, die meisten Plantagenbesitzer hinterfragen diese Praxis jedoch kaum, obwohl das Mittel einen nicht unbeträchtlichen Teil ihrer Kosten ausmacht, da es ja von einem offiziellen Organ empfohlen wird. Durch unsere Arbeit vor Ort, begleitet durch lokale Wissenschaftler_innen wie Prof. Dr. Sara Bumrungsri von der *Prince of Songkhla Universiy* in Hat Yai, wissen wir ziemlich sicher, dass es weitaus bessere Düngemittel und Pestizidalternativen gibt. Sie belasten die Ökosysteme und die Geldbeutel der ohnehin schwächsten Stelle der Lieferkette nicht so stark.

Wie so oft mangelt es nicht an Lösungen für eine bessere Welt, sondern daran, dass Lösungen manchmal weniger Gehör finden, weil sie von lobbystarken Großkonzernen mit Zugang in die höchsten Politikebenen übertönt werden. Und hier brauchen wir nicht zu denken, dass solche Prozesse nur im globalen Süden so ablaufen. Man erinnere sich nur an den umstrittenen Clip mit dem Lebensmittelkonzern Nestlé, den unsere Bundesministerin für Ernährung und Landwirtschaft

Julia Klöckner auf dem offiziellen Twitterkanal des Ministeriums im vergangenen Jahr veröffentlichte.[42]

Für *einhorn* ist es inzwischen ein wichtiger Teil der *fairstainability*-Aufklärungsarbeit, unsere Erkenntnisse in Blog-Artikeln, sozialen Medien und Videos[43] zu teilen. Linda Preil ist inzwischen eine gefragte Expertin auf diesem Gebiet und ist (genauso wie unsere *head of fairstainability* Elisa Naranjo) auf Fachkonferenzen im In- und Ausland als Rednerin gefragt. Mit Erfolg, denn die Nachfrage nach dem *fairstainable*-Latex nimmt langsam zu, und auch die großen Reifenhersteller haben schon Interesse signalisiert, was einen enormen Durchbruch bedeuten würde, da 70 Prozent des weltweit geernteten Kautschuks für Autoreifen verwendet wird.

Wieder einmal zeigt sich, dass auch ein kleines Start-up in relativ kurzer Zeit Expertise aufbauen und es sich leisten kann, Personal vor Ort zu haben. Wie bereits im Kapitel UNFUCK Ungleichheit erwähnt, entspräche unser *fairstainability*-Team, bestehend aus vier *einhörnern*, bei Nestlé etwa 77.000 Mitarbeitenden. Es ist einfach eine Frage des Willens und der Prioritäten, wofür man das vorhandene Budget einsetzt. Für echte Nachhaltigkeit beziehungsweise größtmögliche Schadensreduzierung an der Natur – oder für Dividenden, Boni sowie ultrateure Werbe- und Marketingkampagnen. Und obwohl wir als Unternehmen Ökosystemleistungen für unseren Pla-

---

42 Klöckner hatte sich in dem Clip persönlich bei dem Nestlé-Deutschlandchef Marc-Aurel Boersch für die Unterstützung des Konzerns bei ihrer Initiative zur Reduktion von Zucker, Fetten und Salz in Lebensmitteln bedankt.

43 Siehe unser YouTube-Video »einhorn auf *fairstainability* Mission in Thailand – Agroforestry« https://www.youtube.com/watch?v=VY1k-1looc4&t=10s

neten und das Gemeinwohl sichern, mit beachtlichen Kosten für ein junges kleines Unternehmen, die uns niemand erstattet, sind wir dennoch seit dem zweiten Jahr bis heute profitabel. Wie das geht? Keine Dividenden, keine Boni, kein Marketing-Budget und faire Gehälter für alle, mit klarer Begrenzung nach oben – nur so können wir uns konstante Nachhaltigkeitsarbeit leisten, die dazu beiträgt, die Ungerechtigkeit auf der Welt zu reduzieren. Und diese Nachhaltigkeitsarbeit hat für uns nicht nur oberste Priorität, sondern fußt auf starken Werten, die wie ein Kompass agieren für die Art, wie wir an Probleme und Herausforderungen herangehen. Dazu zählt, dass wir uns sehr wissensbasiert mit neuen Fragestellungen beschäftigen, zum Beispiel wenn es darum geht, ein neues Produkt zu launchen. Wir verlassen uns nicht auf bestehende Siegel, sondern prüfen selbst, welchen negativen Impact ein Produkt oder Rohstoff hat und wie wir ihn systemisch minimieren können. Sofern das aus irgendeinem Grund nicht möglich ist, wir aber dennoch das Produkt auf den Markt bringen wollen, greifen wir auf Kompensationslösungen zurück, wobei ich ehrlicherweise eingestehen muss: Das ist leider noch zu oft der Fall, auch wenn wir einen bestimmten Mindeststandard festgelegt haben. Zudem hat die *fairstainability*-Abteilung immer das letzte Wort. Der zweite Wert der *fairstainability*-Abteilung ist die Partnerschaft, wir nennen es intern manchmal auch *klausability*,[44] benannt nach unserem ersten Partner und Kondomproduzenten Klaus Richter. Dabei geht es darum, zuzuhören und zu verstehen, was unsere Partner wirklich brauchen und was zu ihrer Lebensrealität passt.

---

44 »Klausability« ist für uns die Messlatte geworden, um Partner zu finden, denen Nachhaltigkeit und Fairness wirklich am Herzen liegen.

Zu oft geben westliche Organisationen irgendwelche Richtlinien vor, die völlig realitätsfremd sind, und solch eine Bevormundung wollen wir auf jeden Fall verhindern. Echte Menschenrechtsverletzungen zum Beispiel findet man nicht durch Audits heraus, sondern durch persönliche Verbindungen und Vertrauensbildung vor Ort. Wir führen unzählige Gespräche, leidenschaftliche Diskussionen und verbringen Zeit mit unseren Partner_innen entlang der Lieferkette, um gemeinsam eingeschliffene Prozesse zu verändern, falls nötig. So manchen haben wir durch unsere Hartnäckigkeit schon zur Weißglut getrieben, aber es ist auch ein perfekter Test, um herauszufinden, ob man überhaupt zusammenarbeiten sollte. Der dritte Wert ist *fairstainability in progress*. Er steht dafür, dass wir uns bewusst sind, dass die Arbeit nie aufhört. Das Ziel wird niemals zu 100 Prozent erreicht, denn es gibt ständig etwas zu verbessern und ständig etwas zu lernen. Im Zweifel sehen wir das Glas bei diesem Thema eher als halb leer an und verspüren den ständigen Drang, mehr über unsere Produkte und die Auswirkungen der Produktion zu erforschen. Wir versuchen, uns der Wahrheit anzunähern, indem wir nicht einfach existierende Lösungskonzepte übernehmen, sondern untersuchen, was wie und wo am meisten Impact hat. Ob wir das verantworten können und wo wir handeln müssen. Und all diese Faktoren wägen wir ständig miteinander ab.

Und natürlich wäre es großartig, wenn man diese Wertschöpfung von *fairstainable*-Unternehmen für das Gemeinwohl honorieren würde, sei es im BIP, als Anerkennung in der Gesellschaft oder als Ziel von Investoren. Alternativ könnte man die »Schadschöpfung« von Nicht-*fairstainable*-Unternehmen sanktionieren, damit diese zumindest keinen Wettbewerbsvorteil haben, wenn sie nicht für die wahren Kosten des Schadens ihrer Produkte an der Natur aufkommen wollen.

Als letztes Beispiel möchte ich die unglaubliche Menge an Müll anbringen, die die Wirtschaft und jedes Unternehmen verursacht. Die größte Müllhalde der Welt befindet sich übrigens im Ozean. Der Große Pazifische Müllteppich ist viermal so groß wie Deutschland. Zudem schätzt die *Ellen McArthur Foundation*, dass wir gemessen am Gesamtgewicht im Jahre 2050 mehr Plastik im Meer haben werden als Fische. 2018 hat sich Greenpeace zusammen mit der Break-Free-From-Plastic-Bewegung mal den Spaß erlaubt, im Rahmen von 239 Aufräumarbeiten auf der ganzen Welt die am häufigsten gesammelten Marken und Arten von Müll zu untersuchen. Herauskam eine spannende Liste von multinationalen Konzernen, angeführt von Coca Cola. Mit einigem Abstand folgten PepsiCo, Nestlé, Danone, Mondelez International, 7 Eleven, Procter & Gamble, Unilever, Perfetti van Melle, Mars Inc., Colgate-Palmolive und McDonald's. Allein die drei größten Verschmutzer Coca Cola, PepsiCo und Nestlé machten 14 Prozent der weltweit gesammelten Plastikverschmutzung aus.[45]

Also wenn das nächste Mal jemand behauptet, für das Plastikmüllproblem seien die Länder im globalen Süden verantwortlich und nicht etwa der Westen und schon gar nicht der Recycling-Weltmeister Deutschland, dann kann man ihm diese Liste um die Ohren hauen. Auch die Tatsache, dass der Recycling- und Export-Weltmeister Deutschland mehr Müll

---

45 https://www.greenpeace.org/luxembourg/de/aktualitaet/2636/und-die-fuenf-groessten-plastikverschmutzer-sind/

als Maschinen ins Ausland exportiert, sollte man parat haben. Exportierter Müll gilt in Deutschland in der Statistik als »recycelt«. Landen tut dieser Müll aber hauptsächlich auf illegalen Deponien in Asien, neuerdings vor allem in Malaysia und früher in China, wo er dann verbrannt wird. Das haben wir nicht nur in unzähligen Quellen und Reportagen[46] nachgelesen, sondern mit eigenen Augen bei unserer Arbeit in Malaysia gesehen: Wir haben fassungslos und fast betäubt von dem unsäglichen, giftigen Gestank dagestanden, der bei der umliegenden Bevölkerung zu Kopfweh, Übelkeit und schlaflosen Nächten führt.

Und wieder die Frage, was können Unternehmen tun?

Obwohl *einhorn* ständig an der Müll- und vor allem Plastikmüllreduktion arbeitet, haben wir im Jahr 2019 39,5 Tonnen Müll mit unseren Produkten verursacht, 12,7 Tonnen davon waren Plastikmüll. Deshalb haben wir mithilfe der Organisation *Seven Clean Seas* an den Stränden von Malaysia 17,2 Tonnen Plastikmüll sammeln lassen und dafür über 25.831 EUR bezahlt, was knapp 0,47 Prozent unseres Umsatzes in 2019 ausmacht.

Wenn das Unternehmen Coca Cola 0,47 Prozent seines Umsatzes aus dem Jahr 2019 (das wären rund 174 Mio. bei 37 Mrd. Umsatz) in ein ähnliches Vorhaben investieren würde, dann könnte man ein schönes Leuchtturm-Projekt draus machen. Und jetzt können wir alle einmal raten, ob genügend Geld dafür da wäre?

Allein Warren Buffett (einer der zehn reichsten Menschen

---

46 Wie dieser in der *Süddeutschen Zeitung*: https://projekte.sueddeutsche.de/artikel/wirtschaft/deutscher-plastikmuell-verschmutzt-malaysia-e590969/

der Welt) nimmt durch seine Anteile bei Coca Cola pro Jahr 640 Mio. Dollar ein.[47] Coca Cola ist sehr stolz auf seine jährlichen Dividendensteigerungen. Wäre es nicht großartig, wenn man denselben Stolz und Fleiß an den Tag legen würde, um so viel Plastikmüll einzusammeln, damit man nicht mehr einer der führenden Plastikverschmutzer der Welt ist? Aber nein, die Realität ist eine andere. Die Realität sieht so aus, dass der Staat, also wir mit unseren Steuergeldern, in der Corona-Krise sogar Kurzarbeitergeld für einige, wenn auch wenige Coca-Cola-Mitarbeiter_innen bezahlt. Die traurige Realität ist, dass multinationale Konzerne zudem auch kaum Steuern auf ihre Gewinne zahlen, weil sie über Tochterfirmen oder andere, oft sogar legale Steuerkonstrukte Milliarden an Steuern sparen (mehr dazu im nachfolgenden Kapitel).

CO_2-Reduktion und Biodiversität fördern oder Plastikmüllkompensation sind allerdings nur erste wichtige Sofortmaßnahmen, um die schlimmsten Folgen der Klima- und Müllkrise abzuwenden. Das Ziel eines jeden Unternehmens sollte eine konsequente Kreislaufwirtschaft statt der aktuell vorherrschenden Wegwerfwirtschaft sein, bei der wertvolle Rohstoffe nach der Produktion und Verwendung deponiert oder verbrannt werden. Diese Wegwerfwirtschaft ist übrigens kein Zufall. Sie basiert auf der Wegwerfgesellschaft, also uns allen als Kund_innen.

Dass Produkte nicht mehr so lange halten und früher weggeworfen werden, liegt übrigens an einer tollen Erfindung

---

47 Laut einem Bericht von 2020 bei finanzen.net: https://www.finanzen.net/ nachricht/aktien/buffetts-dividenden-nur-mit-dividenden-so-viel-verdient-warren-buffett-an-seinen-zehn-groessten-beteiligungen-an-nur-einem-tag-8301236

von Alfred P. Sloan, dem einstigen Präsidenten des amerikanischen Konzerns General Motors, bei der er ganz tief in die Wirtschaftswachstumstrickkiste gegriffen hat. Wie soll man bitteschön wachsen und immer mehr Autos verkaufen, wenn die Kunden_innen noch ganz happy mit ihrer alten Karre sind? Ah, man könnte die Autos doch einfach so konstruieren, dass sie früher kaputtgehen, so kurz nach Ablauf der Garantie etwa? Was sich illegal anhört, ist inzwischen gängige Praxis in der Wirtschaft und läuft unter dem Fachbegriff »geplante Obsoleszenz«. Wir alle kennen solche Fälle bei unseren Mobiltelefonen, die auf wundersame Art und Weise langsamer funktionieren oder einfrieren, sobald wir ein neues Betriebssystem installiert haben. Oder von unseren Druckern und Druckerpatronen, die nach einer bestimmten Anzahl von gedruckten Seiten oder einer bestimmten Dauer einfach den Geist aufgeben, wie auf Knopfdruck. Dass Glühlampen nicht länger als 1.000 Stunden leuchten, ist keine technische Begrenzung, denn sie können viel länger leuchten, aber das Phoebuskartell (bis mindestens 1942 existent) von führenden Glühlampenherstellern hielt es für lukrativer, die Leuchtdauer zu begrenzen. Den Beweis, dass Glühbirnen sehr lange leuchten können, kann man sich live auf einer Webcam in einer Feuerwache in Livermore anschauen. Dort brennt eine Glühbirne ununterbrochen seit 1901.[48]

Bedenkt man vor allem den Umstand, dass dieses unbegrenzte Wachstum, was die Wirtschaft anstrebt, auf einen Planeten mit begrenzten Ressourcen stattfindet, wird es kritisch. Würden alle Menschen so leben wie wir in Europa, bräuchten wir 2,8 Erden. Wachstum ist gleichbedeutend mit Ressourcen-

---

48 http://www.centennialbulb.org/cam.htm

verbrauch. Und solange wir über unsere Ressourcen hinaus leben und keine funktionierende Kreislaufwirtschaft haben, brauchen wir über weiteres Wachstum eigentlich gar nicht reden. Ganz im Gegenteil, zum aktuellen Zeitpunkt ist jede weitere Wachstumsanstrengung wie ein Tritt auf das Gaspedal, der uns schneller in Richtung Abgrund befördert.

Trotz allem. Ich glaube fest daran, dass wir diese neue Wirtschaftswelt aufbauen können, denn es mangelt nicht an großartigen Pionieren und Innovationskraft in allen Branchen. Dazu gehören zum Beispiel Unternehmen wie das niederländische Fairphone, das im umkämpften Handymarkt ein faires und nachhaltiges Produkt anstrebt und bei dem viele Einzelteile austauschbar sind, inklusive Reparaturanleitungen. Und ich glaube auch fest daran, dass die Konsumierenden bereit sind für den Wandel. Nicht umsonst gibt es für eben dieses erwähnte Fairphone lange Wartelisten, und auch die Nachfrage für andere nachhaltige Marken steigt stetig.

Aus eigener Kraft schaffen es diese Pioniere, darunter viele Mittelständler_innen, jedoch meistens nicht, ihre jeweilige Branche nachhaltig zu verändern, weil es eben kein fairer Kampf ist. Denn auf der einen Seite haben wir riesige multinationale Konzerne, die sich renommierte Anwaltskanzleien als Verstärkung suchen, auf der anderen Seite Start-ups und Mittelständler, die kaum Lobby- und Finanzmacht haben und Marktanteile an immer größer werdende Konzerne verlieren. **Lasst uns klare Spielregeln definieren und dafür sorgen, dass der Staat sie durchsetzt, damit alle Beteiligten zumindest eine faire Chance bekommen, gegen die Klima- und Biodiversitätskrise anzukämpfen.**

UNFUCK
POLITIK

Januar und Februar sind kalte Monate in Bayern. Das war im Jahr 2019 nicht anders. Aber selbst Schnee, Dauerfrost und eisige Kälte hielten 1,75 Millionen Bayern nicht davon ab, sich in Schlangen vor ihren Rathäusern zu versammeln. Sie alle kamen, um das Volksbegehren Artenschutz »Rettet die Bienen« zu unterschreiben, das sich für ein neues, besseres Naturschutzgesetz einsetzt. Ein Volksbegehren dafür, dass die ökologische Landwirtschaft ausgebaut, staatliche Flächen pestizidfrei bewirtschaftet, der Naturschutz in die Lehrpläne eingebunden und zehn Prozent aller Wiesen in Blühwiesen umgewandelt werden. Die Initiative kam von der kleinen Umwelt-Partei ÖDP. Dort hatte sich die Tierärztin und Politikerin Agnes Becker besorgt gefragt, wie die Welt ohne Bienen wohl aussehen würde. Keine unbegründete Sorge, sind doch in Deutschland in den letzten zehn Jahren bis zu einem Drittel der Honigbienenvölker gestorben.[49] Sie sterben aufgrund der intensiv geführten Landwirtschaft, der übermäßigen Nutzung von Pestiziden und des Verlusts an Lebensraum. Die meisten Menschen lässt das nicht kalt. Bienen sind beliebt.

---

49 https://www.bmu-kids.de/wissen/pflanzen-und-tiere/biologische-vielfalt/bienen/

Sie sind erstaunliche Tiere. Bienen gehören zu den ältesten noch lebenden Tierarten. Sie bevölkern die Erde seit mehr als 200 Millionen Jahren. Ohne Bienen gäbe es keine Bestäubung, keine Blüten, keine Früchte, kurz: kein Leben.

Am Ende stimmte fast jeder fünfte Wahlberechtigte in Bayern dafür, einen stärkeren Natur- und Artenschutz auf den Weg zu bringen. Und selbst die mächtige Bauernlobby, die das Volksbegehren scharf kritisiert hatte, ja selbst die CSU, die sich seit jeher als Vertreterin der Bauernschaft sieht, konnten am Ende mit dem Gesetz leben, das dank der »Bayrischen Bienenrevolution« auf den Weg gebracht wurde.

Die Bürger_innen machen sich für ein Thema stark, nutzen demokratische Mittel, und die Politik setzt den Willen des Volkes um. Demokratie wie aus dem Lehrbuch. Funktioniert das wirklich immer so? Lasst uns einen Blick in das Land werfen, das ja bekanntlich überall auf der Welt für Demokratie steht und wirbt. Um herauszufinden, ob die Politik in den USA den Willen des Volkes umsetzt,[50] haben sich die Wissenschaftler Professor Martin Gilens (Princeton University) und Professor Benjamin I. Page (Northwestern University) Datenmaterial aus über 20 Jahren angeschaut. Mehr als 2.000 Bürger_innen-Umfragen wurden herangezogen und im Anschluss mit den resultierenden Gesetzen verglichen. Das erschütternde Ergebnis: Die Meinung der Bürger_innen hatte zu 90 Prozent überhaupt keinen Einfluss auf die Gesetzgebung, oder wie die beiden Wissenschaftler es ausdrückten: »Die Vorlieben des Durchschnittsbürgers in Amerika scheinen nur einen winzi-

---

50 https://act.represent.us/sign/the-problem/

gen, gegen null tendierenden, statistisch nicht signifikanten Einfluss auf die öffentliche Politik zu haben.«[51]

Wenn nicht die Meinung des Volkes, was beeinflusst die Politiker_innen dann? Ganz einfach: Großspenden und Lobbyismus. Bleiben wir bei unserer angeblichen Vorbilddemokratie: In den USA gewinnt zu 91 Prozent der/die Kandidat_in, der/die meiste Kohle für den Wahlkampf scheffelt. Und ein Großteil dieser Kohle, nämlich zwei Drittel, wird von gerade einmal 0,2 Prozent Amerikanern beigesteuert. Nicht umsonst verbringt ein durchschnittlicher Kongressabgeordneter in den USA 30 bis 70 Prozent seiner Zeit mit Fundraising. Allein in den letzten fünf Jahren haben die 200 politisch aktivsten Unternehmen in den USA über 5,8 Milliarden Dollar für Lobbyismus und Spenden ausgegeben. Ein großartiges Investment. Denn laut der Website *represent.us* erhielten genau diese 200 Unternehmen 4,4 Billionen Dollar Unterstützung von Steuerzahlenden. Das ist eine 750-fache Kapitalrendite.

Jetzt könnten wir uns ja in Deutschland zurücklehnen und die Augen verdrehen: Jaja, die verrückten Amis wieder. Aber wo auch immer ihr seid, schaut euch mal kurz um: Was seht ihr? Ein MacBook auf eurem Schreibtisch? Google im Browser noch geöffnet? Gerade was bei Facebook oder Instagram gepostet? Die Bücher im Schrank, allesamt von Amazon? Nikes an euren Füßen? Die Bodylotion im Bad von Johnson & Johnson? Und das Waschmittel von Procter & Gamble? Darauf gleich eine Coca Cola, denn 46 der 100 Top-Marken, die die Welt beherrschen, kommen aus den USA.[52] Es sollte uns also

---

51 Im Original: »The preferences of the average American appear to have only a miniscule, near-zero, statistically non-significant impact upon public policy.«

52 https://www.europeanbrandinstitute.com/brand-rankings/

schon interessieren, welche Gesetze für diese Unternehmen gelten, bei denen wir alle einkaufen und die wir alle nutzen. Es sollte uns schon interessieren, wenn sie für die Weiterverbreitung von »Fake News« mitverantwortlich sind und damit sogar Wahlen beeinflussen können, wie wir beim Cambridge-Analytica-Skandal feststellen mussten. Und es sollte uns ebenso interessieren, wenn auch in Deutschland ganze Branchen, wie zum Beispiel der Einzelhandel, durch unfaire Wettbewerbsbedingungen einbrechen – ohne dass die Politik eingreift. Mal ganz abgesehen davon, dass der Widerstand gegen ein Lobbyregister[53] in Deutschland lange Zeit sehr heftig ausfiel; erst im Juli 2020 einigte sich die große Koalition endlich auf die Einführung eines verpflichtenden Lobbyregisters ab Herbst desselben Jahres. Und selbst wenn man dann denkt, ja okay, aber bei uns sind ja solche großen Parteispenden noch nicht etabliert (so bekam die CDU/CSU, die die Liste der Parteien mit der größten Spendensumme anführt, im Jahre 2017 »nur« etwa 17 Millionen Euro[54]), wird man doch trotzdem irgendwie das Gefühl nicht los, dass der Wille des Volkes auch in Deutschland nicht so richtig Gehör findet. Die Fridays-for-Future-Bewegung zum Beispiel brachte letzten Sommer zum globalen Klimastreik allein in Deutschland über 1,4 Millionen Menschen auf die Straße, um für mehr Klimaschutz zu demonstrieren. Laut ARD-DeutschlandTrend waren zu dem Zeitpunkt knapp zwei Drittel der von Infratest dimap befragten Bundesbürger (63 Prozent) der Meinung, dass der Klimaschutz Vorrang haben sollte, selbst wenn es dem Wirtschaftswachstum schadet. Die Regie-

---

53 Lobbyregister enthalten meist folgende Daten: Identität des Lobbyisten, Auftraggeber, verfolgtes Ziel, zur Verfügung stehende finanzielle Mittel.

54 https://www.abgeordnetenwatch.de/unternehmensspenden-hintergrund-infos

rung reagierte aber nur mit einem »Klimapaketchen«, welches das Pariser Abkommen klar verfehlen wird. Damit wurde der Wille des Volkes schlichtweg ignoriert. Warum? Darüber zerbrach nicht nur ich mir den Kopf, sondern Umweltverbände, Bewegungen wie Fridays for Future, Extinction Rebellion, die Scientists For Future, die Entrepreneurs For Future, von denen viele aus Protest ihre Läden und Webseiten schlossen und ihre Mitarbeitenden für die Demos freistellten. Die ganze Mühe wochen-, teils monatelanger Vorbereitung und Mobilisierung war scheinbar für die Katz. Ehrlich gesagt war ich nach der Regierungsentscheidung ziemlich verzweifelt. Was sollen wir denn noch tun? Die Wissenschaft ist sich einig, dass wir Menschen für den Klimawandel verantwortlich sind und dass uns nur noch wenige Jahre bleiben, die große Katastrophe und die Überschreitung der Kipp-Punkte abzuwenden. Wir sollten uns eigentlich nur noch darüber unterhalten, *wie* wir das sinkende Schiff Klima retten, und nichts vertagen oder gar über die Notwendigkeit streiten. Wovor hat die Politik mehr Angst als vor 1,4 Millionen Bürger_innen auf der Straße? Das ist eine Frage, die mich bis heute beschäftigt.

Um eine Antwort auf diese Frage zu finden, muss man Macht und Einfluss von multinationalen Konzernen näher beleuchten. Politiker_innen dienen dem Volk und dem Gemeinwohl. Die Bundeskanzlerin sowie die Minister_innen leisten folgenden Eid: »Ich schwöre, dass ich meine Kraft dem Wohle des deutschen Volkes widmen, seinen Nutzen mehren, Schaden von ihm wenden, das Grundgesetz und die Gesetze des Bundes wahren und verteidigen, meine Pflichten gewissenhaft erfüllen und Gerechtigkeit gegen jedermann üben werde.« Die Formel »So wahr mir Gott helfe« am Ende ist optional.

Aber wie unabhängig sind Politiker von den Interessen großer Unternehmen? Nicht erst seit dem jüngsten Skandal um Philipp Amthor und seine Zusammenarbeit mit dem US-Start-up *Augustus Intelligence* ist das eine wichtige Frage. Um dieser Frage auf den Grund zu gehen, müssen wir auch über Lobbyismus in Deutschland sprechen. Wie oben bereits erwähnt, gibt es in Deutschland kein verpflichtendes Lobbyregister, lediglich eine Liste der beim Bundestag registrierten Verbände ist einsehbar.[55] Sie enthält zurzeit 2.322 Organisationen[56], darunter die Interessengemeinschaft ehemaliger DDR-Flüchtlinge e.V. oder die Amadeu Antonio Stiftung, aber auch eine ganze Menge Interessenverbände verschiedener Branchen: Apotheker beispielsweise sind mit insgesamt sieben Verbänden vertreten, der Energiemarkt mit ganzen 42. All diese Verbände, Arbeits- und Interessengemeinschaften versuchen, für ihre Themen und Anliegen zu werben. Oft haben sie dafür eine ganze Armada an Mitarbeitern und beauftragen, je nach Finanzkraft des Verbands, zusätzlich PR-Agenturen, um die Anliegen der breiten Öffentlichkeit und der Politik gegenüber zu kommunizieren. Die Politik, vor allem die Ministerien, in denen Gesetzesentwürfe, aber auch Entwürfe für Förderprogramme oder Problemstellungen erstmals ausformuliert werden, nutzen gerne den Sachverstand dieser Verbände. Das ist in einem gewissen Ausmaß sinnvoll,

---

55 Allerdings ist die Eintragung freiwillig, und die Liste bietet bei Weitem keinen transparenten Überblick über Lobbyisten, da sie eben nur die Verbände aufzählt, nicht aber weitere Akteure aus der Branche. Und selbst für die Veröffentlichung dieser Liste hat der Verein abgeordnetenwatch.de eineinhalb Jahre gekämpft und geklagt.

56 https://www.bundestag.de/resource/blob/189476/56c5703c74530d461286a3a8c68120f5/lobbylisteaktuell-data.pdf

denn diese Expertise kann den Beamt_innen, die selbst nicht die Ressourcen haben, sich so tief in jedes Thema einzuarbeiten, durchaus zugutekommen. Und immerhin muss beispielsweise ein Gesetzentwurf in Deutschland mehrere Stufen der parlamentarischen Demokratie durchlaufen, bevor er tatsächlich als Gesetz verabschiedet wird – es gibt also einige Kontrollinstanzen auf dem Weg vom Entwurf zum Gesetz. Kritisch wird das Ganze aber dann, wenn vor allem finanzstarke Interessengruppen Beschlüsse zu ihrem Vorteil beeinflussen und durch die Weitergabe des »Fachwissens« die Interessen des Volkes aus dem Blickwinkel geraten. Kritisch wird es auch, wenn ganze Absätze aus Stellungnahmen von Verbänden in Gesetzesentwürfe »hineinrutschen«, wie 2013 bei einem umstrittenen Gesetzentwurf zur geplanten Kürzung der Auszahlungen von Lebensversicherungen geschehen. Damals wurde der Entwurf gestoppt, doch die Frage muss erlaubt sein, wie oft solche Entwürfe durchgewunken wurden? Kritisch war es auch, als die Braunkohlelobby 2013 am CDU-SPD-Koalitionsvertrag mitschrieb und Ulrich Freese, der langjährige Vizechef der Industriegewerkschaft Bergbau, Chemie, Energie, ein Bekenntnis zu Kohlekraftwerken durchsetzte.[57] Es folgte ein Aufschrei der Medien, aber war das ein Einzelfall? Und wie kann es sein, dass die Regierung nun den Kohleausstieg erst für 2038 beschlossen hat und damit eindeutig gegen das Pariser Abkommen verstößt? Ein Ausstieg bis 2030 wäre notwendig gewesen, und die geplante Abfindung von 4 Milliarden Euro für die Kohlekraftwerkbetreiber fällt viel zu hoch aus.

---

57 Weitere Infos finden sich in diesem WELT-Artikel: https://www.welt.de/ wirtschaft/article122875634/Braunkohle-Lobby-schrieb-am-Koalitionsvertrag-mit.html.

»Die Kohlekonzerne hätten mit der Bundesregierung wohl sehr gut verhandelt«, kommentierte Claudia Kemfert vom Deutschen Institut für Wirtschaftsforschung.[58]

Die Intransparenz solcher politischen Entscheidungen, die Intransparenz darüber, wie sehr Ministerien und Politiker tatsächlich beeinflusst werden und von wem, befeuert das Misstrauen. Als sich unsere Bundesministerin für Ernährung, Landwirtschaft und Verbraucherschutz Julia Klöckner 2019 in einem Video Seite an Seite mit Nestlé-Chef Marc-Aurel Boersch zeigte, erntete sie dafür zu Recht einen Shitstorm. Aber etwas Gutes hatte die Aktion doch: Immerhin bekam man als Bürger endlich mal einen minimalen Einblick, was hinter den Kulissen zwischen Politik und Unternehmen für Treffen und Absprachen stattfinden. Denn dass die meisten Minister, Abgeordnete und Beamte aus Ministerien ihre Termine mit Lobbyisten nicht bei Twitter posten, ist Teil des Problems und lässt uns Bürger mit vielen Fragen zurück. Wie zum Beispiel wurden die Entscheidungen zur Rettung der Banken im Jahr der Finanzkrise 2008 getroffen? Welchen Einfluss hatten die Banken selbst auf das Rettungspaket? Vor allem letztere Frage ist jetzt, da in Zeiten der Corona-Krise ein noch viel größerer Rettungsschirm gespannt wird, höchst relevant. So hat erst kürzlich die EU von neun Bewerbern tatsächlich BlackRock als Berater für die Entwicklung *nachhaltiger* Richtlinien für Banken ausgewählt. Nur zur Erinnerung: BlackRock ist der weltweit größte unabhängige Vermögensverwalter und der weltgrößte Investor bei Kohleprojekten.[59]

---

58 https://www.tagesschau.de/inland/bundestag-kohleausstieg-107.html

59 https://www.klimareporter.de/finanzen-wirtschaft/nachhaltig-mit-blackrock und https://www.theguardian.com/environment/2019/oct/12/top-three-asset-managers-fossil-fuel-investments

Die Antworten auf die Fragen, wie es zu solchen Entscheidungen kommt, sind für normale Bürger kaum auffindbar. Wenn man zum Thema Lobbyismus recherchiert, ist man hin- und hergerissen zwischen Verschwörungstheorien und beschwichtigenden Halbwahrheiten. Dass Unternehmen die Politik beeinflussen, sollte aber mittlerweile jedem klar sein. Thilo Bode, Ex-Geschäftsführer von Greenpeace und Gründer der Verbraucherrechtsorganisation Foodwatch, beschreibt diese Thematik in seinem Buch *Die Diktatur der Konzerne* mit einer detaillierten Analyse. Unter dem Begriff »Drehtür-Mechanismus« beschäftigt er sich zum Beispiel mit der Frage, ob ein/e Politiker_in nach seiner/ihrer Politik-Karriere einfach zu einem Unternehmen wechseln darf? Die Antwort ist eindeutig: Er oder sie darf. Dafür gibt es laut Bode Dutzende weniger und einige sehr prominente Fälle. Die frühere Ministerpräsidentin von NRW, Hannelore Kraft, verlor die Landtagswahl 2017 und wurde etwas später als Aufsichtsratmitglied beim Steinkohlekonzern RAG berufen. Den früheren Ministerpräsidenten Schleswig-Holsteins, Torsten Albig, verschlug es nach der verlorenen Wahl zu DHL, ironischerweise als Lobbyist in Brüssel. Der frühere grüne Außenminister Joschka Fischer ist als Berater für Siemens, BMW und RWE tätig. Ex-Kanzler Gerhard Schröder ist sogar Aufsichtsratchef beim größten russischen Ölkonzern Rosneft, obwohl er jährlich eine halbe Million Euro vom deutschen Staat erhält. Sigmar Gabriel, ehemaliger Vizekanzler, Wirtschafts- und Außenminister, sitzt mittlerweile im Aufsichtsrat der Deutschen Bank und soll demnächst in den Aufsichtsrat der neuen Siemens Energy berufen werden. Nach seiner aktiven Polit-Karriere beriet er auch die Firma Tönnies, die für einen zusätzlichen Corona-Lockdown in Gütersloh verantwortlich war (mehr dazu im Kapitel UNFUCK Corona).

Der frühere Staatssekretär im Bundeswirtschaftsministerium von Angela Merkel, Bernd Pfaffenbach, beriet nach seiner Pensionierung die Bank JP Morgan. Dirk Niebel, ehemals Entwicklungshilfeminister, macht jetzt in Lobbyarbeit für den Rüstungskonzern Rheinmetall. Passt wie die Faust aufs Auge, durfte er als Minister doch über alle wichtigen Rüstungsgeschäfte mitbestimmen. Ach ja, und im Aufsichtsrat des besagten Rüstungskonzerns sitzt übrigens Franz Josef Jung, ein früherer Verteidigungsminister, der zum Zeitpunkt seiner Berufung in den Aufsichtsrat noch ein aktives Bundestagsmandat innehatte. Axel Weber, Ex-Bundesbankchef, wechselte von der Seite des Bankenaufsehers hin zu der Schweizer Großbank UBS. Matthias Wissmann, ehemals Verkehrsminister, wurde Präsident des deutschen Automobilverbands. Eckart von Klaeden, früherer parlamentarischer Geschäftsführer der CDU/CSU-Bundestagsfraktion, wurde quasi über Nacht Leiter der Abteilung Politik und Außenbeziehungen der Daimler AG. Sowohl Wissmann als auch Klaeden nutzen ihre guten Beziehungen zur Regierung in der Dieselaffäre.

Nicht vergessen darf man natürlich Friedrich Merz, ehemals Vorsitzender der CDU/CSU-Bundestagsfraktion, der von nicht wenigen in der CDU aktuell als möglicher Kanzlerkandidat gehandelt wird: Dieser ist und war im Aufsichtsrat vieler Unternehmen und fungierte zuletzt als Aufsichtsratsvorsitzender des deutschen Ablegers von BlackRock.

Krasser geht nicht? Oh doch. In Brüssel schwingen die Drehtüren noch schneller. Laut einer Studie von Transparency International von 2017 wechselte jeder Dritte der 171 ausgeschiedenen EU-Abgeordneten, die sich nicht zur Ruhe setzten, zu einer Organisation, die im EU-Lobbyregister zu finden ist. Zum Beispiel auch Holger Krahmer, der im Umweltausschuss unter anderem die Autoindustrie regulieren sollte und danach Direktor für europäische Angelegenheiten bei Opel wurde. Laut der Studie sind 55 Prozent der 27 früheren EU-Kommissare mittlerweile Lobbyisten, gekrönt wird diese Statistik vom Wechsel des früheren EU-Kommissionspräsidenten Manuel Barroso zur Investmentbank Goldman Sachs. Wir könnten noch ewig so weitermachen. Fakt ist: Wenn selbst die bekannten Gesichter, Kanzler und EU-Präsidenten diesen Schritt ganz natürlich und selbstbewusst vertreten können, kriegen wir eine kleine Vorahnung, welches Ausmaß der politische Eisberg unter der Wasseroberfläche annimmt. Als den einflussreichsten Lobbyisten in Brüssel bezeichnet Transparency International übrigens Google. Ganze 57 Prozent der akkreditierten Lobbyisten im »Team Google« haben zuvor für eine europäische Behörde gearbeitet.

In der Wirtschaft wird dieses Problem mit einem Wettbewerbsverbot und Wettbewerbsklauseln in Arbeitsverträgen geregelt, damit man sein gewonnenes Insiderwissen nicht gleich zum Wettbewerber trägt und damit dem eigenen Unternehmen schadet. Vielleicht wäre dies ja auch eine Idee für Politker_innen. In Deutschland wurde 2015 immerhin das Ministergesetz geändert, und seitdem gilt auf Bundesebene das sogenannte Karenzzeit-Gesetz. Es soll den Übergang ehemaliger Regierungsmitglieder in die Privatwirtschaft und in Lobbytätigkeiten regeln und einen übergangslosen Seitenwechsel im Falle von Interessenkonflikten verhindern. Amtierende und ehemalige Mitglieder der Bundesregierung sind dazu verpflichtet, eine Beschäftigung außerhalb des öffentlichen Dienstes anzuzeigen. Sollten Interessenkonflikte bestehen oder andere Gründe im öffentlichen Interesse gegen den

Wechsel sprechen, kann die Aufnahme der neuen Beschäftigung für bis zu 18 Monate untersagt werden.[60] Sanktionen, zum Beispiel in Form von Kürzungen der Versorgungsansprüche für diejenigen, die sich nicht an die Karenzzeiten halten, gibt es bisher jedoch nicht. Persönlich würde ich eher empfehlen, dass Politiker_innen in keinem Unternehmen oder unternehmensnaher Organisation während oder nach ihrer Polit-Karriere arbeiten dürfen, welche in irgendeiner Weise von zuvor verabschiedeten Gesetzen des/r jeweiligen Politiker_in betroffen sind oder waren. Das wäre zumindest ein Anfang. Notfalls müssen Politiker_innen dann besser kompensiert werden, aber der Schaden am Gemeinwohl ist meiner Meinung nach viel höher, wenn wir nichts gegen den Drehtür-Mechanismus unternehmen.

Doch offizieller Lobbyismus und Drehtür-Mechanismus gehören zu jenen Phänomenen, die man noch relativ gut recherchieren kann; oft laufen die Prozesse allerdings viel subtiler ab. Und dann entstehen zwischen Politiker_innen und Unternehmen oder Unternehmer_innen äußerst undurchsichtige Beziehungen, von denen man nur in Ausnahmefällen etwas mitbekommt. Als herauskam, dass der ehemalige Bundespräsident Christian Wulff von einem bekannten niedersächsischen Unternehmerehepaar einen Kredit zu besonders guten Konditionen erhalten und außerdem mehrfach Urlaubseinladungen von Managern und Unternehmern angenommen hatte, musste er schließlich zurücktreten. Was genau er für diese

---

60 Im Detail nachzulesen hier: https://www.bpb.de/dialog/netzdebatte/212523/lobbyisten-als-politiker-und-andersherum#:~:text=Wenn%20die%20neue%20T%C3%A4tigkeit%20in,Ebene%20f%C3%BCr%20Kommissions-mitglieder%2018%20Monate).

»Aufmerksamkeiten« im Rahmen seines Amtes (damals noch als Niedersächsischer Ministerpräsident) für Gegenleistungen erbracht hat, bleibt sein Geheimnis. Genauso wie bis heute unklar ist, welchen Einfluss die Männerfreundschaft zwischen Ex-Kanzler Gerhard Schröder und Finanzunternehmer Carsten Maschmeyer (sowie Zahlungen von Maschmeyer an Schröder nach seiner Amtszeit) auf Schröders Entscheidungen zur Riester-Rente hatte. So steht die Frage im Raum, ob Schröder die Riester-Rente, also das System der staatlich geförderten privaten Altersvorsorge, auf Betreiben Maschmeyers hin so weiterentwickelte, dass es dessen Finanzdienstleister AWD zugutekam.[61] Und das sind nur zwei der prominentesten Beispiele: Was bleibt, ist ein mulmiges Gefühl und viel Unwissenheit darüber, wo genau es Lobbyismus, Verquickungen von Interessen und Privatbeziehungen zwischen Politiker_innen und Unternehmer_innen gibt, die ihre Entscheidungen beeinflussen. Entscheidungen, die eigentlich im Interesse des Volkes getroffen werden sollten.

Es ist genau dieser Mechanismus, der zu dem beiträgt, was der Ökonom Luigi Zingales von der Universität Chicago als »Medici-Teufelskreis« bezeichnet: Geld verschafft politische Macht – und diese Macht sichert wiederum das Geldverdienen. Ein solcher Kreislauf führt laut Zingales volkswirtschaftlich in den Niedergang und muss deshalb regelmäßig durchbrochen werden. Denn das Ergebnis dieses Schulterschlusses von Politik und Wirtschaft ist eine extrem konzentrierte Wirtschaftsmacht, mit dem derzeitigen Zwischenergebnis, dass

---

61 https://www.sueddeutsche.de/politik/briefwechsel-zwischen-maschmeyer-und-schroeder-eine-brutto-netto-freundschaft-1.2219337

26 Menschen die Hälfte des weltweiten Vermögens aufweisen. Diese Macht zementiert die Ungleichheit auf der Welt und lässt uns seit Jahrzehnten in die größte Krise der Menschheit schlittern, nämlich die Klima- und Biodiversitätskrise.

Vor einer Weile veröffentlichte die Internationale Nothilfe e.V. gemeinsam mit der Entwicklungsorganisation Oxfam eine Karte, die sehr schön illustriert, dass fast alle Lebensmittel und die vielen dahinter stehenden Marken gerade mal von zehn Konzernen kommen.[62] Diese Konzentration ist in fast allen Branchen dieser Welt zu finden. Das ist ein Problem. Nicht nur, weil wir als Verbraucher_innen damit nachweislich höhere Preise[63] bezahlen müssen, aufgrund von immer höheren Preisaufschlägen und -absprachen, sondern auch, weil im schlimmsten Fall unsere Gesundheit leidet oder sogar Leben gefährdet wird.

Leben gefährdet? Ihr glaubt, ich übertreibe? Dann will ich euch noch ein Beispiel nennen, das deutlich macht, welche Verantwortung bei den Politiker_innen liegt, wenn es um ihren Umgang und ihr Verhältnis zur freien Wirtschaft geht:

Nach Angaben der Weltgesundheitsorganisation (WHO) ist der Anteil der US-Amerikaner_innen mit Übergewicht im Zeitraum von 1975 bis 2016 von 41 auf 61 Prozent gestiegen. In Deutschland stieg er von 38 auf 57 Prozent, in China von zehn auf 32 Prozent. Insgesamt leiden heute zum ersten Mal in der Geschichte mehr Menschen an Fettleibigkeit als an Untergewicht.

---

62 https://www.oxfam.de/system/files/studie_behind_the_brands_260213.pdf
63 Siehe Thilo Bode: *Die Diktatur der Konzerne – Wie globale Unternehmen uns schaden und die Demokratie zerstören*, S. 27.

Besonders betroffen sind Kinder und Jugendliche. Laut WHO sind 124 Millionen Minderjährige fettleibig, ihre Zahl hat sich seit 1975 verzehnfacht.

Unter Diabetes, zu dessen Ursachen auch Fettleibigkeit gehört, litten laut WHO im Jahr 2014 circa 422 Millionen Menschen, eine Vervierfachung der Zahl seit 1980.

Der jährliche Diabetes-Atlas schätzt für 2019 weltweit 4,2 Millionen Tote durch Diabetes und damit verbundene Komplikationen. Zum Vergleich: COVID-19 hat bis heute (Stand 01.06.2020) weltweit über 370.000 Tote gefordert. Während das Virus noch erforscht werden muss, um den nötigen Impfstoff zu finden und weitere Opfer zu vermeiden, wissen sowohl Konzerne als auch die Politik, ähnlich wie bei der Klimakrise, wie sie die Diabetiker_innenzahlen und damit auch die Zahl der Toten drastisch reduzieren könnten. Ernährung spielt dabei eine wichtige Rolle, und der weltweite Siegeszug von Fast Food und süßen Getränken geht Hand in Hand mit dem Anstieg der Diabeteserkrankungen und Todeszahlen in den jeweiligen Ländern. Trauriger Anführer in dieser Statistik ist übrigens Mexiko. 1980 waren nur sieben Prozent der mexikanischen Bevölkerung übergewichtig. Diese Zahl verdreifachte sich bis 2016 auf 20,3 Prozent.[64] Diabetes ist jetzt der »Top Killer« in Mexiko, mit 80.000 Toten pro Jahr laut WHO. Und was tut die Politik in Mexiko dagegen? Der im Jahre 2000 gewählte Präsident Vicente Fox war vor seinem Amtsantritt Chef von Coca Cola Mexico und Lateinamerika. Während seiner Amtszeit wurde Coca Cola zum Marktführer in Mexico, einhergehend mit einer Umsatzsteigerung von fast 50 Prozent, und erhielt ganz nebenbei auch noch unbe-

---

64 https://www.nytimes.com/2017/12/11/health/obesity-mexico-nafta.html

schränkte Wassernutzungsrechte. Eine Geschichte von Vermischung von Politik und mächtigen internationalen Konzernen, die nach einer eigenen Netflix-Doku schreit.

Die Kosten für solche Verwicklung tragen übrigens wir, nicht nur mit unserem Leben, sondern auch als Steuerzahler_innen. Zehn Prozent der weltweiten Gesundheitsausgaben werden für Diabeteserkrankungen aufgewendet,[65] Tendenz steigend. So werden Gewinne privatisiert und Verluste sozialisiert. Und wie so oft trifft es die bereits benachteiligten Menschen am härtesten, denn 79 Prozent der Diabeteserkrankten stammen aus Ländern mit niedrigem bis mittlerem Einkommen. Und das ist bei Weitem nicht das einzige Beispiel: In den USA laufen Sammelklagen gegen Pharmakonzerne und Großhändler, denen vorgeworfen wird, die »Suchtgefahr der Schmerzpillen bewusst verschleiert und die Medikamente aus Gewinnstreben aggressiv vermarktet«[66] und so im Endeffekt zur Opioid-Krise im Land beigetragen zu haben.[67] So verurteilte ein Gericht in Oklahoma den Konzern Johnson & Johnson (J&J) letztes Jahr auf 572 Millionen Dollar Entschädigungszahlung. Der zuständige Richter machte das Unternehmen direkt für Tausende süchtige Menschen in Oklahoma verantwortlich sowie für viele Opfer, die sich nicht mehr wehren können, weil sie an einer Überdosis starben. Weiterhin sei J&J auch für die ansteigende Zahl der Neugeborenen mit Entzugssymptomen verantwortlich.

---

65 https://www.diabetesatlas.org/upload/resources/material/20200302_133351_IDFATLAS9e-final-web.pdf

66 https://www.tagesschau.de/ausland/opioid-krise-101.html

67 In den USA sind Zehntausende Menschen aus der Arbeiter- und Mittelschicht durch opioidhaltige Schmerzmittel süchtig geworden. 2017 wurde sogar der nationale Notstand ausgerufen, nachdem 47.000 Menschen an Opioiden, umgerechnet 130 pro Tag, gestorben waren.

Die wahren Kosten dieser Krise, allein in Oklahoma, schätzte der Bundesstaat auf 17 Milliarden Dollar, um in den nächsten zwanzig Jahre mit den Folgen dieser Opioid-Epidemie klarzukommen. Den fehlenden Betrag übernimmt wieder der Staat bzw. die Steuerzahler_innen. Johnson & Johnson hingegen machte im Jahr 2019 über 15 Milliarden Dollar Gewinn bei über 82 Mrd. Dollar Umsatz.[68] Die Politik ist hier auf mehreren Augen blind. Wo sind die gesetzlichen Regeln und die Strafen gegen solche Verstöße? Stattdessen hat die massive Bewerbung von gesundheitsschädlichen Produkten und die Verschleierung von Nebenwirkungen eine lange Tradition und trat nicht erst durch die Opioid-Krise zutage. Und die Politiker_innen stehen oft daneben und gucken zu.

Die Tabakindustrie hat jahrzehntelang erfolgreich die Gesundheitsrisiken verschleiert. So trug eine interne Analyse des Tabakriesen Brown & Williamson schon 1969 den Titel *Unsere Ware ist Zweifel*[69]. Inhalt dieser Analyse war, die Rauchenden davon abzulenken, dass Rauchen tödlich ist. Eine bewiesene Tatsache, die es erst Jahrzehnte später als Warnhinweis auf Zigarettenpackungen schafft. In Deutschland sterben bis heute circa 120.000 Menschen pro Jahr vorzeitig aufgrund von Krankheiten, die von Tabakkonsum ausgelöst werden. Das sind 328 am Tag. Deutschland ist übrigens laut einer aktuellen Studie absolutes Schlusslicht in Europa bei Maßnahmen zum Schutz vor den Gefahren des Rauchens – bis heute: In 13 von 16 Bundesländern gibt es immer noch Raucherkneipen, und Tabakkonzerne werden auch durch das Werbeverbot kaum einge-

---

68 https://www.finanzen.net/bilanz_guv/johnson_johnson
69 Vgl. *Doubt is our product.* BROWN & WILLIAMSON, 1969.

schüchtert, wenn sie weiterhin auf Großveranstaltungen wie Rock am Ring als Sponsoren auftreten und für ihre Produkte werben dürfen.[70]

Allein das Anzweifeln der tödlichen Auswirkungen des Rauchens als »Kontroverse« ist ein PR-Geniestreich. Kommt euch das irgendwie bekannt vor aus den aktuellen Debatten? Yip. Die Ölindustrie hat tatsächlich von der Tabakindustrie gelernt und teilweise sogar dieselben »Expert_innen« angeheuert, um Zweifel am menschengemachten Klimawandel zu säen. Ölkonzerne wie ExxonMobil und Shell wissen seit Jahrzehnten um die verheerenden Folgen des CO_2-Ausstoßes[71], leugneten die Fakten mit ihrer Lobbyorganisation *Global Climate Action* aber über Jahre hinweg.

Die deutsche Version für eine Unwissenheitskampagne ist der von VW geprägte, fast niedliche Begriff »Dieselthematik«. Der Bundesgerichtshof in Karlsruhe fand für die Vorkommnisse erst kürzlich, vier Jahre nach Bekanntwerden des Abgasskandals, ganz andere Begriffe, die sonst bei Wirtschaftskriminellen oder besser Betrügern Anwendung finden: von arglistiger Täuschung und gezielter Täuschungsstrategie war die Rede, die den grundlegenden Werten der Rechts- und Sittenordnung entgegenstünden. Wahrscheinlich eine passendere Bezeich-

---

70 Laut einer Analyse von Dietmar Jazbinsek in der Zeit (2020).

71 Ölmultis wie Shell, BP und Exxon wissen schon seit den 1980er-Jahren ziemlich gut über den Klimawandel Bescheid. Shell hatte schon 1986 eine Studie zum Klimawandel in Auftrag gegeben, die eindeutig belegte, inwiefern das bei der Verbrennung von fossilen Energieträgern freigesetzte Kohlendioxid die Erde aufheizen wird – ließ diesen Bericht dann aber in seinen Schubladen verschwinden und machte fröhlich weiter wie zuvor: https://www.spiegel.de/spiegel/wie-shell-sein-wissen-ueber-den-klimawandel-geheim-hielt-a-1202889.html

nung als »Dieselthematik« für die vorsätzliche Manipulation an der Software von elf Millionen Fahrzeugen. Nur zur Erinnerung: Die Software wurde so eingestellt, dass die Fahrzeuge erkannten, ob sie sich auf der Straße oder auf einem Prüfstand befanden. Auf dem Prüfstand wurden die Abgasnormen eingehalten, aber sobald es auf die Straße ging, wurden bis zu sieben Mal mehr schädliche Stickoxide ausgestoßen – laut einer Studie des Umweltbundesamts steht die Belastung mit Stickstoffdioxid in einem direkten Zusammenhang mit Krankheiten wie Diabetes mellitus, Bluthochdruck, Schlaganfall, der chronisch obstruktiven Lungenerkrankung (COPD) und Asthma.[72]

Doch warum dauerte es im Vergleich zu den USA so lang, wo VW mit der Manipulation zuerst erwischt wurde und Entschädigungen früher zahlte, bis auch in Deutschland ein Urteil fiel und deutsche Autokunden Anspruch auf Entschädigung bekamen? Genau weiß man das nicht, aber es hat, um es mal vorsichtig zu formulieren, wahrscheinlich nicht geholfen, dass das Land Niedersachsen zu knapp 12 Prozent an VW beteiligt ist und der Ministerpräsident Stephan Weil sogar im Aufsichtsrat sitzt. Und der damalige Bundesverkehrsminister Alexander Dobrindt forderte zwar lautstark »Aufklärung«, konnte aber nicht erklären, warum sein Ministerium anscheinend jahrelang in einer Art Dornröschenschlaf gesteckt hatte. Die Deutsche Umwelthilfe geht sogar davon aus, dass spätestens seit Herbst 2015 im Ministerium und im Kraftfahrt-Bundesamt klar gewesen sein muss, dass fast alle namhaften Autobauer systematisch Manipulationen an den Abgaswerten vornahmen (tatsächlich hat das Umweltbundesamt schon

---

72 https://www.umweltbundesamt.de/no2-krankheitslasten

2008 davor gewarnt. Die Hinweise wurden anschließend aber aus einem Bericht des Umweltministeriums gelöscht, da diese Erkenntnisse laut zuständigem BMU-Mitarbeiter »Tretminen« seien). Bundeswirtschaftsminister Sigmar Gabriel bezeichnete den Skandal nach Bekanntwerden übrigens als »schlimme[n] Vorfall«, betonte aber, das Label *Made in Germany* sei weltweit ein Qualitätsbegriff. Schließlich warnte er beim Europäischen und Weltkonzernbetriebsrat von Volkswagen noch vor dem Abbau der 70.000 Arbeitsplätze, die an der modernen Dieseltechnologie hingen.[73,74]

Kurz gesagt: Die Angst vor dem Schaden an Deutschlands gutem Ruf als Top-Wirtschaftsstandort oder der hohen Qualität, die mit dem Begriff *Made in Germany* mitschwingt, die Angst davor, einer der deutschen Schlüsselindustrien zu schaden, war stärker als alles andere. Auch zu Corona-Zeiten war es bemerkenswert, dass vor allem jene Ministerpräsidenten, in deren Bundesland ein großer Automobilkonzern sitzt, eine Abwrackprämie forderten, selbst der grüne Ministerpräsident Winfried Kretschmann in Baden-Württemberg. Zum Glück konnten sie sich diesmal nicht durchsetzen.

Man könnte jetzt die Liste von Fallbeispielen, bei denen vor allem internationale Konzerne ihre unglaubliche wirtschaftliche und politische Macht missbrauchen, wogegen die Politik (scheinbar) nichts entgegenzusetzen hat, unendlich weiterführen. Diese Methoden schaden unserem Klima und unserer

---

73 https://web.archive.org/web/20150923183748/http://www.faz.net/agenturmeldungen/unternehmensnachrichten/gabriel-nennt-vw-manipulation-schlimm-13815633.html

74 https://www.igmetall-wob.de/meldung/gabriel-ehre-der-arbeitnehmer-muss-verteidigt-werden-volkswagen-muss-schnell-aufklaeren/

Gesundheit, schränken Menschenrechte ein, fördern das Leid von Tieren und höhlen die Demokratien auf unserer Welt aus. Die Politik muss diesem Treiben ein Ende setzen, indem sie internationale Konzerne für ein Verhalten bestraft, das Menschen, Tieren, der Natur und dem Klima schadet. Und zwar nicht nur in einem Rahmen, dass sie es aus der Portokasse zahlen und schnell weitermachen können. Konzerne sollten alle externen Kosten tragen, die durch ihre Produkte und ihr Handeln entstehen, und zudem verpflichtet werden, bei der Aufklärung aller entstehenden externen Kosten mitzuwirken, denn viele sind uns noch gar nicht bewusst. So fordert zum Beispiel die Aktivistin und Unternehmerin Lisa Jaspers mit einer Petition, die schon über 170.000 Menschen unterzeichnet haben,[75] die Bundesregierung auf, Unternehmen für Menschenrechtsverletzungen in ihren eigenen Lieferketten verantwortlich zu machen. Unternehmen und vor allem multinationale Konzerne sollten auch die riesigen Kosten tragen, die auf uns zukommen, wenn wir die Klimakrise nicht eindämmen können. In Frankreich existiert dieses Gesetz bereits.[76]

Die oben erwähnte Konzentration von Macht auf wenige Unternehmen hat inzwischen ein solches Ausmaß angenommen, dass selbst der »natürliche Feind« der Monopole und Oligopole, der Wettbewerb, nicht mehr greift.

Obwohl Start-ups und der Mittelstand ein wesentlicher Treiber für Innovationen sind, die wir zur Bekämpfung der Klima- und Biodiversitätskrise und für einen Systemwandel

---

75 https://www.change.org/p/unternehmerische-sorgfaltspflicht-per-gesetz-fair-bylaw-ranaplaza
76 https://www.zeit.de/wirtschaft/2017-02/frankreich-gesetz-globalisierung-menschenrechte-vorreiter-europa

so dringend benötigen, haben diese oft keine faire Chance auf dem Markt. Ja, sie sind sogar massiv benachteiligt. Und hier kommen wir zum nächsten großen Thema: Steuern. Während alle Unternehmen in Deutschland dieselben Mehrwertsteuersätze auf ihre verkauften Produkte und Dienstleistungen zahlen müssen, sieht es bei den Steuern auf die Gewinne der Unternehmen ganz anders aus. Die Lufthansa zum Beispiel, die nun während der Corona-Krise mit neun Milliarden Euro deutschen Steuergeldern gerettet wird, hat in den vergangenen Jahren durch ein ausgeklügeltes System von 92 Tochtergesellschaften in Steueroasen wie Malta erstaunlich wenig Unternehmenssteuern gezahlt – und als diese Vorgehensweise über eine neue, EU-weite Gesetzgebung erschwert werden sollte, war es ausgerechnet Deutschland, das der Verordnung durch eine Stimmenthaltung einen Riegel vorschob.[77]

Je größer und internationaler ein Konzern aufgestellt ist, desto mehr Möglichkeiten zur Steuervermeidung ergeben sich. So sind viele internationale Konzerne nicht nur Marktführer in ihren jeweiligen Branchen, sondern auch weltmeisterlich in der Disziplin der legalen Steuervermeidung. Dank der Enthüllung der vertraulichen *Paradise Papers* aus der Kanzlei Appleby, einem der Marktführer für die Einfädelung von Offshore-Geschäften, wurden die Machenschaften vieler Milliardäre, Politiker_innen und eben auch Großkonzernen wie Apple, Facebook und Nike sichtbar. Durch Verschleierung, Geldwäsche und Steuerhinterziehung konnten Milliarden auf Offshore-Steueroasen landen, ohne dem

---

77 Die ganze Geschichte kann man in diesem Podcast hören: https://open. spotify.com/episode/5k4o3GvkKJOtWmqTQjIuXS?si=5_UYlvofRniixLjO-3aFY7Q

Fiskus und damit uns Steuerzahlenden Rechnung tragen zu müssen. Wenn man sich anschaut, wie das im Einzelnen läuft, hat man schnell das Gefühl, einen Polit-Krimi zu lesen. Die Süddeutsche Zeitung analysierte im Jahr 2017[78] die Vorgänge rund um den Sportartikelhersteller Nike: Anhand eines gewöhnlichen Kaufs von Nike-Schuhen für 70 Euro in einem deutschen Nike-Geschäft in Brunnthal verfolgte die Süddeutsche den Weg des zu versteuernden Gewinns. Schon auf dem Kassenzettel stand nicht mehr eine deutsche Firma, sondern die niederländische Nike Retail BV, die die Produkte gar nicht selbst verkauft, sondern nur als Handelsagent auftritt. Genau genommen verkauft Nike Deutschland in Deutschland keinen einzigen Schuh, sondern hilft niederländischen Nike-Firmen, Schuhe zu verkaufen. Diese erhalten dann auch die Erlöse dafür, und die deutschen Finanzämter schauen zu. Das gilt übrigens auch für Onlinebestellungen und andere Schuhgeschäfte, die Nike verkaufen. Und dasselbe Prinzip wird auch in anderen EU-Staaten angewendet. Aber warum die Niederlande? Ganz einfach, die Niederlande haben sich zur wohl wichtigsten Steueroase für Konzerne entwickelt. Das Land kriegt dabei zwar auch nicht viele Steuern ab, aber zumindest ein paar Arbeitsplätze, da viele Konzerne ihr Europa-Geschäft von hier aus regeln. Im Falle von Nike sieht der niederländische Fiskus deswegen kaum Steuern, weil die Niederlande wiederum auf die Erlöse des in Deutschland verkauften Schuhs hohe Gebühren für das Markenlogo *Swoosh* und andere Rechte zahlen muss. Hä?, denkt ihr jetzt. Verständlich.

---

78 https://projekte.sueddeutsche.de/paradisepapers/wirtschaft/nike-und-die-niederlande-prellen-den-deutschen-staat-e116625/

Die Rechte zur Nutzung von Nikes bekanntem Logo für Produkte, die außerhalb der USA verkauft werden, waren zeitweise auf die Bermudas gezogen und wurden dort von der Nike International gehalten. Allein für die Jahre 2010 bis 2012 flossen 3,86 Milliarden Dollar dafür auf das Inselparadies. Die Niederlande bestehen, anders als Deutschland und die meisten europäischen Länder, nicht auf Quellensteuer für Lizenzzahlungen. So konnte das Geld ungehindert zu der Nike-Bermuda-Firma fließen, wo wiederum für ansässige Unternehmen keine Steuern auf ausländische Gewinne erhoben werden. Die effektive Steuerlast des Sportartikelherstellers fiel von 2005 bis 2008 vom Regelsteuersatz von 35 Prozent auf unter 25 Prozent. Durch diesen Bermuda-Steuertrick konnte Nike die Gewinne außerhalb der USA von etwa einer auf über 6 Milliarden Dollar im Jahr 2014 steigern. Als 2014 die Steuervereinbarung zwischen Nike und den Niederlanden auslief, zog man einfach ganz in die Niederlande um, um weiterhin rechtskonform zu bleiben. Ab dann gehörten Hunderte Markenrechte inklusive Swoosh der niederländischen Nike Innovate CV (ähnlich einer deutschen Kommanditgesellschaft), deren Sitz eigentlich in den USA ist. Dieses Konstrukt hat den Vorteil, dass sich weder die niederländischen Behörden noch die amerikanischen zuständig fühlen, die Steuern einzutreiben, und so kann Nike den eigenen Steuersatz ganz legal weltweit auf 15 bis 17 Prozent senken, also etwas weniger als die Hälfte dessen, was in den USA oder Deutschland anfallen würde. Laut Insidern in der ausführlichen Analyse der Süddeutschen Zeitung schätzt man, dass Nike in Deutschland circa 600 Millionen Euro Umsatz pro Jahr macht. In 2016 sah der deutsche Staat gerade mal 3,8 Millionen Steuern, das entspricht ungefähr 0,63 Prozent vom Umsatz. Zum Vergleich:

Mit einem Umsatz von ca. 2,1 Millionen zahlte unser junges Start-up *einhorn* 2017 circa 57.000 Euro Steuern, also 2,7 Prozent vom Umsatz.

Insgesamt belaufen sich die Steuerverluste weltweit auf 500 bis 600 Mrd. US-Dollar jährlich.[79] Vor Kurzem hat der zweitreichste Mann der Welt, Bill Gates, beklagt, dass amerikanische Unternehmen nicht genügend Steuern zahlen, und gefordert, dass Kapital stärker besteuert werden müsse als Arbeit.

Mit ihren Methoden der Steuervermeidung füllen sich riesige Unternehmen ihre Kriegskassen und können dann natürlich auch Start-ups wunderbar aufkaufen, bevor sie als Wettbewerber richtig gefährlich werden. Der Ökonom Luigi Zingales beschreibt die Situation wie folgt:[80] »Die Monopole von heute sind die Start-ups von gestern. In einem guten System ändert sich das immer wieder. Wenn es sich nicht ändert, ist das System verkrustet.« Und das ist es. Früher konnten innovative Start-ups die Branchengrößen wie IBM, Hewlett-Packard oder auch Microsoft mit disruptiven Technologien auch mal zu Fall bringen, aber durch die heutige Marktmacht ist dies fast unmöglich geworden. Oder wie es die New York Times über die »terrible five« ausdrückt, also Amazon, Apple, Facebook, Google und Microsoft: »Sie lieben Start-ups. Ungefähr so, wie Orcas Babyrobben lieben!«

Kann man den Wettbewerber nicht fressen, äh kaufen, wie

---

79 Nachzulesen in dem Buch *Finanzethik und Steuergerechtigkeit* von Markus Meinzer und Manfred Pohl.

80 Aus einem Artikel im Manager Magazin: https://www.manager-magazin.de/ magazin/artikel/monopole-trustbusters-ii-a-1178562-3.html

im Falle von Snapchat und Facebook, als Evan Spiegel das 3 Milliarden Dollar schwere Kaufangebot von Mark Zuckerberg ablehnte, kopiert man einfach Technik und Ideen und wird damit Marktführer. So hat Facebook es mit seinen Instagram-Storys nämlich getan. Und falls Kopieren keinen Sinn macht, weil das neue Produkt eines Start-ups den eigenen Markt kannibalisiert und zu niedrige Gewinnmargen hat, dienen die prall gefüllten Kriegskassen auch wunderbar für Rechtsstreitigkeiten. Das ist besonders für Start-ups lebensbedrohlich, weil ihnen die finanziellen Ressourcen fehlen und sie jahrelange zermürbende Gerichtsprozesse selten stemmen können.

So befinden wir uns gerade mit unserem Unternehmen *einhorn* in einem Rechtsstreit mit einem großen multinationalen Konzern, der ebenfalls auf dem Markt der Menstruationsprodukte tätig ist. Uns wurde mit einer Abmahnung untersagt zu behaupten, dass unsere wiederverwendbare Menstruationstasse aus Silikon umweltfreundlicher sei als Wegwerfprodukte wie Tampons. Das ist in etwa so, als würde man behaupten, wiederverwendbare Kaffeebecher, wie sie gerade überall in der Welt und in Deutschland (durch das Start-up *recup*) am Markt eingeführt werden, seien nicht umweltfreundlicher als die ollen Wegwerfbecher. Absurd? Ja! Aber ein Gericht in Hamburg hat *einhorn* und ein paar anderen Start-ups, die ebenfalls Menstruationstassen anbieten, genau das verboten und dem multinationalen Konzern recht gegeben, ohne dass dieser seine Behauptung besonders gut belegen konnte. Wir haben natürlich Widerspruch eingelegt, aber unsere Ressourcen für Anwälte und eigene Studien, um zu widerlegen, dass wiederverwendbare Produkte besser für Umwelt und Klima sind als Wegwerfprodukte, sind mit 150.000 bis 300.000 Euro Jahresüberschuss gegen mehr als 15 Milliarden Euro Gewinn auf Klägerseite im Jahr 2019 etwas schwach aufgestellt. In diesem Fall wird nicht nur ein Start-up, das neue Arbeitsplätze schafft und seine Steuern in Deutschland zahlt (und nicht in Steueroasen parkt) gefährdet. Es wird auch die dringend notwendige Reduktion von CO_2 und Müll durch die Einführung von wiederverwendbaren Alternativen behindert und wahnsinnig viel Zeit und Geld verschwendet. Und all das im Namen des Shareholder Value. Damit sind viele Konzerne nicht nur *nicht* Teil der Lösung für die Klima- und Biodiversitätskrise, sondern sie behindern diese proaktiv. Und natürlich ist es für ein kleineres Unternehmen fast unmöglich, gegen solche marktdominierenden Player wie Google oder Amazon anzukommen, denn wenn man auf deren Plattformen nicht auftaucht, schadet man sich selbst am meisten.

Kein Wunder, dass die Lust zur Firmengründung auch deswegen weltweit zurückgeht. Laut dem KfW-Gründungsmonitor 2019 sind wir von einer Gründer_innenquote in Deutschland im Jahr 2002 von 2,76 Prozent auf 1,06 Prozent im Jahr 2018 gefallen.[81] Und selbst in den USA sind die Unternehmensgründungen trotz Silicon-Valley-Romantik seit 30 Jahren rückläufig.

Dabei brauchen wir so dringend neue Ideen und Impulse für den Aufbau einer neuen, nachhaltigen und gerechten Wirt-

---

81 https://www.kfw.de/PDF/Download-Center/Konzernthemen/Research/ PDF-Dokumente-Gr%C3%BCndungsmonitor/KfW-Gruendungsmonitor-2019.pdf

schaft. Und damit meine ich keinen alten Wein in neuen Schläuchen, also Start-ups, deren einziges Ziel es ist, mit viel Venture Capital den Shareholder Value zu steigern. Das Wort Entrepreneur stammt vom französischen Wort entreprendre ab und bedeutet übersetzt: etwas unternehmen. Und um die vielen Herausforderungen auf unserer Welt zu lösen, müssen wir alle eine Menge unternehmen. Dabei werden wir auch immer bestimmte Waren wie Lebensmittel und Kleidung und bestimmte Dienstleistungen wie Pflege brauchen – aber wenn wir diese Bereiche allein den »Geschäftemachern« überlassen, wie es Günter Faltin in seinem Buch *DAVID gegen GOLIATH* treffend formuliert, dann müssen wir uns nicht wundern, dass unsere Welt so aussieht, wie sie aussieht. Deshalb müssen diejenigen ran, die mit der aktuellen Wirtschaftsweise und ihren negativen Folgen zu Recht unzufrieden sind. Die Scheu bei Gründer_innen, ein nachhaltiges Start-up auf den Weg zu bringen, ist leider hoch, zum einen, weil die globalen Konzerne wie oben beschrieben durch ihre Übermacht den Wettbewerb behindern und Start-ups teilweise torpedieren, zum anderen aber auch, weil es in Deutschland immer noch ein recht starres Bild von Unternehmertum gibt. Der Satiriker Jan Böhmermann verhöhnte solche Unternehmer_innen zum Beispiel mit folgenden Worten in einem Tweet: »Hey Entrepreneurs, wenn es euch wirklich um Umwelt, Gesellschaft, Nachhaltigkeit und Gerechtigkeit geht, warum macht ihr dann nicht eure superwoken Social Start Ups dicht und engagiert euch ohne Gewinnmaximierungsantrieb?«

Dass man etwas Gutes für die Umwelt oder Gesellschaft tut und dabei profitabel arbeitet, ist in Deutschland eher verpönt. Der Wirtschaftsethiker Professor Christoph Lütge beschreibt in einem Interview[82] zu Böhmermanns Aussage die Kritik an Sozialunternehmern als »typisch deutsch«. Moral oder Gewinn? In Deutschland müsse man sich immer noch entscheiden.

Dabei brauchen wir dringend eine neue Bewegung von sozial aufgestellten Start-ups oder auch sogenannte *citizen entrepreneurs*[83], die den systemischen Wandel in Wirtschaft, Gesellschaft und auch Politik einleiten. Und ja, sie müssen auch Geld einnehmen, denn wie sonst lassen sich die eigenen Lebenskosten und die der Mitarbeitenden finanzieren? Entrepreneure und ihre Gabe, Lösungen zu finden, haben in der Geschichte einen wesentlichen Einfluss auf viele humanitäre Errungenschaften, auch wenn wir diese Beziehung oft nicht mehr kennen oder sie verdrängen. Es wäre beispielsweise der Schweizer Geschäftsmann Henry Dunant zu nennen. Während einer Geschäftsreise in Italien wurde er zufällig Zeuge, unter welch grässlichem Leid die Verwundeten nach der grausamen Schlacht von Solferino ihr Dasein fristeten. Kurzerhand organisierte er die lokale Zivilbevölkerung und übernahm die notdürftige Versorgung der Verwundeten. Ein Jahr später gründete er, basierend auf diesen Erfahrungen, das

---

82 https://www.rnd.de/wirtschaft/interview-bohmermanns-kritik-an-sozial-unternehmern-ist-typisch-deutsch-M6Z66SP7YZGA7BM5QFURQIAZQE.html

83 Günter Faltin entwickelte das Konzept einer grundlegend anderen Ökonomie – einer Ökonomie, in der jeder Mensch zum Entrepreneur werden kann, zum Lebensunternehmer, zum Teilzeit-Entrepreneur (zum Beispiel in neuen Formen von Genossenschaften im eigenen unmittelbaren Lebensumfeld) oder zum vollen Entrepreneur. »Citizen« ist »der Bürger«, »Citizen Entrepreneurship« meint also »Bürger-Entrepreneurship« beziehungsweise »Bürger-Ökonomie«: https://weq.institute/portfolio-item/citizen-entrepreneurship/

Internationale Komitee der Hilfsgesellschaften für die Verwunde-tenpflege, das seit 1876 den Namen *Internationales Komitee vom Roten Kreuz* trägt. 1901 erhielt Dunant den Friedensnobelpreis, wenn seine eigene Firma auch bankrottging.

Bei *einhorn* haben wir uns von Anfang an als nachhaltiges Start-up gesehen und schon vor dem ersten Euro Umsatz fest-gelegt, dass wir mindestens 50 Prozent der Gewinne in Fair-ness und Nachhaltigkeit investieren, oder wie wir es nennen: *fairstainability*. Eine transparente Wertschöpfungskette, fairere Bezahlung der Kautschukzapfer_innen, weniger Pestizidein-satz, Biodiversitätsschutz, CO_2- und Plastikkompensation, För-derung von Menschenrechtsprojekten in Tansania und vie-les andere gehören dazu, wie zuvor bereits beschrieben. Aber auch politische Arbeit gehörte immer schon zu *einhorn* (auch wenn wir vor der Gründung eigentlich nie politisch sein woll-ten). So haben wir 2016 Infoevents in der Start-up-Szene or-ganisiert, um Geflüchteten gemeinsam mit dem Arbeitsamt bei der Integration zu helfen, wir haben außerdem eine *Start Up Corner* auf einer Jobmesse für Geflüchtete in 2018 organi-siert. In unserem Unternehmen beschäftigen wir seit Jahren geflüchtete Menschen und sind uns dennoch bewusst, dass wir noch viel mehr für die Integration tun können und müs-sen. Wir haben unser jährliches Teamstrategietreffen spontan unterbrochen, um alle zusammen auf der #Wirsindmehr-De-monstration in Chemnitz gegen Rassismus zu demonstrieren. Wir, oder besser gesagt die Frauen bei *einhorn*, haben gemein-sam mit dem Onlinemagazin NEON eine e-Petition in den Bundestag eingereicht, mit der Forderung, die Mehrwertsteuer auf Periodenprodukte von 19 Prozent auf sieben Prozent zu senken und damit dieser Benachteiligung von Millionen von

Frauen in Deutschland endlich ein Ende zu setzen. Mehr als 80.000 Menschen haben diese e-Petition unterschrieben. Dieser kleine Baustein und die großartige Arbeit von vielen Aktivist_innen, allen voran Yasemin Kotra und Nanna-Josephine Roloff mit ihrer Petition mit über 190.000 Unterschriften auf change.org, haben dazu geführt, dass die Mehrwertsteuer tatsächlich seit Januar 2019 abgesenkt wurde. Wir demonstrierten auf vielen Fridays-for-Future-Demos, schlossen unseren Onlineshop aus Protest wie viele andere Entrepreneurs For Future am globalen Klimastreik letztes Jahr. Am 17. Juli 2019 haben wir in Berlin das *unfuck the world town hall meeting* in der Markthalle Neun veranstaltet, zu dem über 2.000 Menschen kamen,[84] die sich alle an verschiedenen Marktständen wie z.B. *unfuck climate crisis* oder *unfuck education* ausgetauscht haben. Das Event war kostenlos für alle und natürlich werbefrei. Vor allem aus Frust über die Untätigkeit der Politik in der Klimakrise haben wir außerdem ein weiteres nicht gewinnorientiertes Projekt mit dem Namen »Olympia« ins Leben gerufen, welches ein Demokratiefestival im Olympiastadion Berlin mit bis zu 70.000 Menschen am 12.06.2020 werden sollte. Mit vielen freiwilligen Helfer_innen haben wir Deutschlands größte Crowdfunding-Kampagne auf der Plattform Startnext im Dezember 2019 gestartet, um die nötigen 1,8 Millionen Euro für die Stadionmiete und Durchführung des Großevents zu sammeln – und wir haben es geschafft! Auch wenn wir damals nicht ahnen konnten, dass das Event aufgrund von Corona abgesagt werden muss, waren alle freiwilligen Helfer_innen und die über 28.000 Crowdfunder-innen

---

84 https://www.tagesspiegel.de/berlin/unfuck-the-world-in-berliner-markthalle-jede-veraenderung-beginnt-mit-einer-diskussion/24668602.html

fest entschlossen, ein starkes Zeichen zu setzen. 70.000 Menschen sollten zusammenkommen, um sich auszutauschen und miteinander zu lernen. Über die Klima- und die Biodiversitätskrise, über soziale Ungerechtigkeit, über ein notwendiges Demokratie-Update. Aktivist_innen und Expert_innen aus diesen Bereichen sollten gefeiert werden wie normalerweise Rockstars und diese große Bühne nutzen, um Lösungen für all diese Herausforderungen vorzustellen. Die Ökonomin Maja Göpel von den Scientists For Future oder auch Claudine Nierth, Bundesvorstandssprecherin von *Mehr Demokratie e. V.*, um nur einige zu nennen, hätten über ihre Ideen gesprochen. Zusätzlich hätten wir alle gemeinsam Petitionen zu den angesprochenen Lösungsvorschlägen an den Bundestag verabschiedet, und weil mindestens 50.000 Stimmen für ein Quorum notwendig sind und im Stadium 70.000 Teilnehmende (über 40 Prozent davon über kostenlose Solidaritätstickets) erwartet wurden, wäre dies durchaus zu schaffen gewesen.

Direkt am ersten Tag, als das Crowdfunding startete, titelte *Die Zeit*: »Sie wollen die Weltrettung verkaufen.« Was danach passierte bzw. die Fülle der Berichterstattung, kam selbst für PR-Profis überraschend. Fast jedes Medium äußerte sich kritisch über diese Aktion. In ihrer Kritik waren sich selbst die *taz* und die *BILD* mal einig: Vier Tage vor Ende des Crowdfunding titelte die *taz* noch: »Doch kein Hipsterevent für das Klima«[85], und obwohl wir vier Tage später doch erfolgreich abschlossen mit über 2 Millionen Euro an Spenden, also sehr viele Menschen das Projekt unterstützten, riss die Kritikwelle auch danach nicht ab.

---

85 https://taz.de/Klimaaktion-vor-dem-Scheitern/!5651923/

Teils war die Kritik berechtigt, wie zum Beispiel die fehlende Diversität im Freiwilligenteam, und auch hinsichtlich der Art, wie wir kommuniziert haben, gab es noch Luft nach oben. Aber es ging uns und allen Freiwilligen immer um die Sache. Ohne die Tausende Pro-bono-Stunden von *einhörnern*, ohne die hohen finanziellen Ausgaben, die nicht durch das Crowd-funding abgedeckt wurden, und ohne unser Unternehmen, das wir als solventen Vertragspartner nutzen mussten, um überhaupt so einen Vertrag schließen zu können, wäre solch ein Event gar nicht erst denkbar gewesen. Ob das Event und die Petitionen irgendwas gebracht hätten oder nicht, darüber kann man sich trefflich streiten. Aber dass man dem Event, zumindest in den Medien, schon im Vorfeld jede Chance ab-sprach und es als weiteren Versuch von Unternehmern ab-stempelte, sich reinzuwaschen, um noch mehr Kohle zu scheffeln, traf mich besonders hart. Ich selbst kritisiere ja die Wirtschaft und vor allem multinationale Konzerne, schreibe sogar ein ganzes Buch darüber. Und nur zur Information, weil ich ahne, dass die Frage kommt: Auch die Erlöse, die ich für den Buchverkauf erhalte, fließen genauso wie unsere Vortrags-honorare[86] komplett an *einhorn* und nicht an mich persönlich.

Ich bin nach wie vor fest davon überzeugt, dass wir die Wirt-schaft brauchen, aber neu erfinden müssen, und dazu brau-chen wir Akteure wie Firmen, die sich verstärkt um *fairstaina-bility* kümmern. Wir müssen auch unsere teilweise veralteten

---

86 Wir halten auch Vorträge oder veranstalten Start-up-Safaris in bestimmten »etablierten Unternehmen« und erklären denen unsere Herangehensweise an die Wirtschaft und wie man sie unfucken sollte. Nicht selten lesen wir ihnen dabei ihre Leviten. Diese Vorträge machten letztes Jahr ca. 1,2 Prozent unserer Umsätze aus.

Denkmuster über das Unternehmertum kritisch überprüfen und lernen zu differenzieren. Denn ansonsten laufen wir Gefahr, durch unseren (typisch deutschen) vorauseilenden Gehorsam beim Bashing von Unternehmer_innen alle zarten Pflänzchen für eine neue Wirtschaftswelt gleich mit zu zertreten.

Und übrigens, kleiner Tipp, falls ihr euch nicht sicher seid, ob ein Unternehmen wirklich für eine bessere Welt eintritt oder nur Profit machen will: Prüft, wem das Unternehmen eigentlich gehört. Prüft, ob Aktionäre, Private Equity Funds, Milliardärsfamilien und Venture Capitalists die Gesellschafter_innen des Unternehmens sind oder ob das Unternehmen seit Jahrzehnten in Familienhand ist oder sich selbst gehört. Vielleicht ist das Unternehmen sogar unverkäuflich und schüttet überhaupt keine Gewinne aus, sondern reinvestiert sie komplett in die eigene Firma, wie zum Beispiel die Suchmaschine *Ecosia* oder eben auch *einhorn*. Zusammen gehören wir einer kleinen, aber stark wachsenden Bewegung an, die sich *purpose economy* nennt und sich für eine alternative Rechtsform zur GmbH einsetzt, um Eigentum neu zu denken und damit auch die Wirtschaft zu unfucken. Eine aktuelle Studie von Ashoka und McKinsey[87] fand kürzlich sogar heraus, dass die Lösungen, die Sozialunternehmer_innen in Deutschland anbieten (sofern sie denn systematisch genutzt und besser in bestehende Systeme integriert würden), einen wirtschaftlicher Nutzen im zweistelligen Milliardenbereich hätten.

---

87 https://www.ashoka.org/de-de/story/studie-von-ashoka-und-mckinsey-zeigt-milliardenpotenzial-von-sozialen-innovationen

Wirtschaft unfucken kann nicht funktionieren, ohne dass man die Politik unfuckt, weil die beiden so stark voneinander abhängen, leider etwas zu stark in vielen Fällen. Der Fußballvergleich, den wir schon im Kapitel UNFUCK Ungleichheit bemüht haben, macht die Problematik noch einmal besonders deutlich.[88]

Also, sehen wir uns die Wirtschaft beziehungsweise den Markt als ein Fußballspiel an, dann ist die Politik die Schiedsrichterin und setzt die geltenden Regeln durch. Die beiden Mannschaften stellen Unternehmen oder Wettbewerber_innen dar, während die Schiedsrichterin ein faires Spiel sicherstellen muss. Die Politik, äh, Schiedsrichterin darf die Tore einer Mannschaft nicht doppelt zählen, darf nicht mehr oder weniger als elf Spieler_innen pro Mannschaft zulassen, muss die Länge der Fingernägel kontrollieren, um Verletzungen zu vermeiden, muss die Größe der Tore prüfen und vieles mehr. Sie muss bei groben Fouls die gelbe und rote Karte zeigen, weil das Spielfeld sonst schnell zum Schlachtfeld werden kann. Die Schiedsrichterin darf auch nicht nach der Halbzeitpause plötzlich als Spieler_in zu einer Mannschaft dazustoßen. Die Schiedsrichterin muss auch beiden Spielführer_innen gleich viel Beachtung schenken, wenn sie sich beschweren wollen, und nicht nur einer Mannschaft zum Beispiel ein exklusives »Halbzeitgipfeltreffen« ermöglichen. Wir brauchen außerdem ein Spiel, in dem die Regeln nicht nur von »alten weißen Männern« gemacht werden, sondern von einer jüngeren, weiblicheren, viel-

---

88 Fußball ist übrigens auch deswegen ein solch perfektes Beispiel, weil es von Männern besser angenommen wird und weil man, wenn man »Unfuck Economy« sagt, auch »Unfuck Patriarchy« sagen könnte, so eng hängen diese beiden Sachen zusammen.

fältigeren Mannschaft. An dieser Stelle sei gesagt, dass auch die Politik selbst bzw. die Art, wie in der Politik gearbeitet wird, eine Frischzellenkur verdient hätte: Denn New-Work-Konzepte (mehr dazu im Kapitel UNFUCK Arbeit) sind im Bundestag, bei den meisten Ministerien und Fraktionen sowie Behörden noch lange nicht angekommen – und das ist alles andere als irrelevant, immerhin arbeiteten in Deutschland 2018 insgesamt 3,23 Millionen Vollzeit- und 1,57 Millionen Teilzeitbeschäftigte im Öffentlichen Dienst.[89] Wie sollen Menschen, die selbst in alten, verkrusteten Strukturen arbeiten, innovative Konzepte für Unternehmen fördern? Auch die Tatsache, dass unter Bundestagsabgeordneten lediglich 30,9 Prozent weiblich[90] sind und nur 8,2 Prozent einen Migrationshintergrund haben,[91,92] spricht Bände.

Insgesamt können wir festhalten: Was für ein Fußballspiel logisch erscheint, um ein faires und im Idealfall spannendes Spiel zu ermöglichen, ist im Zusammenspiel von Wirtschaft und Politik noch immer reine Utopie.

Also lasst uns dafür kämpfen, dass die Spielregeln eingehalten werden und dass die Politik hilft, die Wirtschaft zu unfucken.

---

89 https://de.statista.com/statistik/daten/studie/12910/umfrage/entwicklung-des-personalbestandes-im-oeffentlichen-dienst-in-deutschland/

90 https://www.bpb.de/gesellschaft/gender/frauen-in-deutschland/49418/frauenanteil-im-deutschen-bundestag

91 https://heimatkunde.boell.de/de/2019/08/23/wer-vertritt-hier-wen-die-migrationsgesellschaft-spiegelt-sich-den-parlamenten-nicht

92 Dabei hat jede vierte Person in Deutschland einen Migrationshintergrund, die Hälfte davon mit deutscher Staatsangehörigkeit: https://www.destatis.de/DE/Presse/Pressemitteilungen/2019/08/PD19_314_12511.html;jsessionid=D7FD6AF31CF337372F0BC4589626EBD1.internet8722

UNFUCK ARBEIT

Meine Mutter ist eine humorvolle, adrette Frau, für die ihre Familie immer an erster Stelle steht. Eigentlich hat sie im Bau- und Architekturbereich gearbeitet, aber ihr Diplom wurde leider, als wir 1989 aus Kasachstan nach Deutschland kamen, von den Behörden nicht anerkannt. Stattdessen begann sie, in meiner Heimatstadt im Süden Deutschlands im Einzelhandel zu arbeiten.

1998 wechselte sie schließlich als Verkäuferin für Oberbekleidung in eine Filiale des Schweizer Familienunternehmens Charles Vögele Holding AG. Das von Charles Vögele 1955 gegründete Unternehmen florierte und war mit Hunderten Filialen in ganz Europa vertreten. Charles Vögele war als guter Arbeitgeber bekannt, und meiner Mutter machte die Arbeit zunächst viel Spaß. Sie beriet leidenschaftlich und gerne Jugendliche, die ein Outfit für die anstehende Konfirmation suchten, oder tröstete Menschen, die sich für eine Beerdigung einkleiden mussten. Aber auch Männer und Frauen, Rentner_innen, die sich mit ihrem Modegeschmack nicht ganz sicher waren und als Stammkunden auf den Geschmack meiner Mutter zählten. Ihre Kolleginnen und ihre Vorgesetzten waren nett, und die Arbeit war in der vorgegebenen Zeit zu bewältigen und verhältnismäßig gut bezahlt. Vier bis sechs Kolleginnen arbeiteten pro Schicht im Ladenlokal, sodass man der Kundschaft genügend Beratung und auch mal ein

119

bisschen Small Talk anbieten konnte. Etwa drei Jahre später drehte sich die Stimmung schlagartig. Meine Mutter kam immer gestresster nach Hause, schlief schlecht, hatte mit Sehstörungen zu kämpfen. Die Zahl der Verkäuferinnen wurde von sechs auf vier reduziert, der Arbeitsumfang blieb der gleiche. Für Kundenberatung gab es nun keine Zeit mehr. Sorgte früher ein fester Stundenplan für Verlässlichkeit und ein planbares Familienleben, wurde meine Mutter jetzt oft mit weniger als einer Stunde Vorlauf zur Arbeit beordert oder einfach nach Hause geschickt, falls gerade nicht viel los war. Auf einmal hieß es, dass Kosten eingespart werden mussten; sogar die Reinigungskräfte wurden entlassen, sodass die Verkäuferinnen jetzt selbst die Toiletten putzen mussten, während der Arbeitszeit. Auf einmal wurden Tagesziele ausgegeben, die sich am selben Tag des Vorjahres orientierten, und falls sich der aktuelle Tagesumsatz im Vergleich nicht steigerte, erhöhte die Filialleiterin den Druck auf die Verkäuferinnen. Das ging sogar so weit, dass die Filialleiterin allen Verkäuferinnen nahelegte, ihren Stundenlohn »freiwillig« von 12,50 Euro auf 10 Euro zu reduzieren, weil man sonst einige von ihnen kündigen müsse. Dem stimmten die meisten Verkäuferinnen aus Loyalität zu ihren Kolleginnen inklusive meiner Mutter zu, denn meine Mutter hätte es vermutlich als Erste erwischt, da sie als Letzte eingestellt worden war. Spätestens jetzt bröckelte der Zusammenhalt im Team, weil alle um ihren Job fürchteten und die nette Kollegin von früher zur erbitterten Konkurrentin wurde. Perfekte Zutaten für eine toxische Arbeitsumgebung. Schließlich nahm der psychische Druck so weit zu, dass meine Mutter keinen anderen Ausweg sah, als nach sieben harten Jahren völlig erschöpft zu kündigen, womit sie auch ihren Anspruch auf eine Abfindung verlor, versteht sich. Das war keine einfache Entscheidung, sie hatte immerhin insgesamt fast zehn Jahre dort gearbeitet und sie wusste, dass sie in ihrem fortgeschrittenen Alter vermutlich nur schwer wieder eine neue Arbeitsstelle finden würde. So kam es dann auch. Bis zur Rente fand sie keinen adäquaten Job mehr und wäre heute ohne meinen Vater (ein ehemaliger Hausmeister), der eine etwas höhere Rente zum Familieneinkommen einbringt, von Altersarmut bedroht. Gerade mal 692 Euro netto im Monat[93] bekommt meine Mutter gezahlt. Sie ist damit Teil der Statistik, die Deutschland als Schlusslicht in Europa identifiziert, wenn es um die Unterschiede zwischen Renten bei Frauen und Männern geht. Wie die OECD-Studie *Renten auf einen Blick 2019* zeigt, ist nämlich die Rente bei Frauen über 65 heute im Schnitt um 46 Prozent niedriger als bei Männern.

Aber warum hat sich die Arbeitssituation meiner Mutter überhaupt nach drei Jahren so dramatisch verschlechtert? Ganz einfach: Ein Jahr vor ihrem Einstieg hatte Charles Vögele sein Unternehmen für ca. 1 Milliarde Franken an die Schroders Group verkauft. Die Schroders Group ist eine weltweit operierende Vermögensverwaltungsgesellschaft, die seit 1804 im Finanzgeschäft tätig ist und ihren Sitz in London hat. Ihr Vermögen hat die Schroders Group zunächst mit dem Handel von Kaffee, Zucker, Baumwolle und Indigo aus Übersee gemacht, später dann firmierte sie als Handelsbank[94].

---

93 Dieser Betrag ist auch so gering, weil meiner Mutter die Erwerbsjahre vor unserer Immigration aus Kasachstan nach Deutschland 1989 nur zu 50 Prozent zur Rente angerechnet wurden.

94 Mit dieser Handelsbank als Partner vom französischen Bankhaus Erlanger wurde beispielsweise auch die einzige Auslandsanleihe an die Konföderierten im amerikanischen Bürgerkrieg (1861–1865), der auf Baumwolle basierende sogenannte »Erlanger Loan«, ausgegeben. Nur zur Erinnerung, die

Nachdem die Schroders Group im Jahre 1997 die Charles Vögele Holding AG gekauft hatte, musste sie ja den Kaufpreis und am besten noch viel mehr Geld irgendwie wieder reinholen, wie es sich für eine Vermögensverwaltungsgesellschaft eben gehört. Ach so, und die Kohle für den Kauf besorgte sich die Schroders Group übrigens über eine fremd(kapital)finanzierte Übernahme (sogenanntes *Leveraged Buyout, kurz LBO*). Das heißt, Schroders gründete eine Gesellschaft, die sich bei Banken verschuldete, um den Kauf zu tätigen; später fusionierte die Gesellschaft mit dem Unternehmen Vögele. So wurde aus einem einst vorsichtig kaufmännisch operierenden und vor allem schuldenfreien Unternehmen ein hochverschuldetes Unternehmen, mit einer Nettoverschuldung von 600 Millionen Franken in 2001.[95] Was für ein genialer Trick! Man braucht keine eigene Kohle, sondern kauft alles mit fremdem Geld, und das Zielobjekt muss selbst mit den Schulden samt Zinsen klarkommen. In der Folge brachte man das Unternehmen 1999 an die Börse, und spätestens damit war die familiäre und persönliche Atmosphäre, die Charles Vögele aufgebaut hat, ad acta gelegt. Fortan galt es, die Aktionäre glücklich zu stimmen, und das gelingt nur durch steigende Umsätze und starkes Wachstum (daher die neuen Tageszielsetzungen im Vergleich zum Vorjahr, die den Druck erhöhen sollten) sowie durch Kostenreduktionen (Reduktion der Verkäuferinnen und Toiletten selbst schrubben lassen), um die hohe Zinslast bedienen zu können. Dieser Börsengang war dann auch nur der Anfang vom Ende, 2010 schrieb das Un-

---

Konföderierten waren die Südstaaten, die sich abgespalten haben, weil sie die Sklavenhaltung beibehalten wollten.

95 https://www.luzernerzeitung.ch/wirtschaft/mode-charles-voegele-untergang-mit-ansage-ld.86236

ternehmen einen letzten operativen Gewinn. Die deutschen Filialen wurden an KIK, Woolworth und TeDi verkauft. In den Niederlanden und Österreich hingegen wurde Konkurs angemeldet, Hunderte Mitarbeitende verloren ihren Job. Letztlich ist alles, was Charles Vögele in 42 Jahren aufgebaut hat, mit dem Verkauf 1997 an die Schroders Group zerstört worden. Den Schaden trägt allerdings weder Charles Vögele oder seine Familie, der ja ein nettes Sümmchen für sein Unternehmen bekam, noch die Schroders Group und deren Shareholder, die durch den Börsengang auf Anhieb eine Marktbewertung von zwei Milliarden Franken erhielten (Schroders Group realisierte allein aus dem Verkauf der 1997 erworbenen Anteile einen Gewinn von rund 700 Millionen Franken. Darüber hinaus profitierten die Investoren auch von erheblichen Kapitalausschüttungen). Nein, den Schaden für die Befriedigung des Aktionärswertes durch Banken, Asset Manager und Investmentbankern trugen die langjährigen Mitarbeiter_innen wie meine Mutter, aber auch die Näher_innen in Ländern wie Bangladesch und Indien. Fälle von Kinderarbeit im globalen Süden waren jedenfalls vor dem Unternehmenskauf nicht bekannt, häuften sich aber ab dem Jahr 2000.[96] Und obwohl die Modeindustrie als zweitgrößter Klimakiller direkt nach der Erdölindustrie gilt – allein der CO_2-Ausstoß addiert sich durch die Herstellung, Transport und Gebrauch von Kleidern jährlich auf 850 Millionen Tonnen –, blieb natürlich kein Budget übrig, um die Schäden an der Natur irgendwie zu kompensieren. Mal ganz abgesehen davon, dass die Philosophie, alles für den Shareholder Value zu opfern, solche Kompensationszahlungen nicht zulässt. Der

---

96 https://www.srf.ch/news/schweiz/kinderarbeit-fuer-schweizer-ladenketten

Fall Vögele ist übrigens keine Ausnahme, sondern eher die Regel in unserer heutigen Wirtschaft, in der sich die Finanzmärkte immer mehr von der Realwirtschaft entkoppeln und einst traditionsreiche Marken und Unternehmen zu Spielbällen von sogenannten »Heuschrecken« wurden und werden. Der Fall Vögele zeigt auch, wie viel Einfluss Investmentbanker und Aktionäre haben, obwohl sie nie etwas mit dem operativen Geschäft der Realwirtschaft zu tun haben und keine der dort beschäftigten Menschen kennen, ob im Unternehmen oder in der gesamten Lieferkette. Vor 2008 suchten viele von ihnen den »Super-Return of Investment«, also eine Verzinsung des eingesetzten Kapitals von 25 Prozent und mehr. *Buy it, strip it, flip it* – Kaufen, Plündern, Wegwerfen galt als Devise.[97] Ob Märklin, ATU, Hertie oder Hugo Boss – sie alle eint ein ähnliches Schicksal wie Charles Vögele, und es wundert nicht, dass solche Unternehmen speziell in Krisenzeiten als Erste ins Wanken geraten.

Bei unseren Start-up-Safaris, also wenn Konzern- und Unternehmensvertreter_innen zu uns in die *einhorn*-Höhle kommen, um etwas über *New Work* zu erfahren, höre ich sehr häufig die folgende Frage: »Das hört sich ja alles total spannend an, was ihr hier macht, aber funktioniert das auch bei uns?« Eine absolut berechtigte Frage, und meine Gegenfrage ist stets: »Das kommt darauf an – wem gehört euer Unternehmen?« Ich bin immer wieder überrascht, wie wenig sie über die wahren Eigentümerverhältnisse ihrer Unternehmen wissen. Dabei müsste diese Information meines Erachtens bereits bei der Stellensuche ausschlaggebend sein. Meiner Meinung

---

97 https://www.stern.de/wirtschaft/news/heuschrecken-investoren-kaufen--plu-endern--wegwerfen-3754228.html

nach ist die echte Umsetzung von *New Work* nur möglich, wenn die Eigentümer_innen eines Unternehmens voll dahinterstehen und sich nicht dem Shareholder Value als oberstes Ziel verschrieben haben. Damit fallen fast alle börsennotierten Unternehmen und Unternehmen mit einer Mehrheitsbeteiligung von Private Equity und Beteiligungsgesellschaften für mich raus, es sei denn, die Belegschaft ist bereit für eine kleine Revolution von unten (wir haben am Ende des Buches für euch eine kleine Liste zusammengestellt, mit Dingen, die jeder tun kann, um die Wirtschaft zu unfucken). Wenn die Eigentümer_innen eines Unternehmens nicht selbst im Unternehmen arbeiten, wie es zum Beispiel oft im Mittelstand und bei Familienunternehmen der Fall ist, dann kann *New Work* für mich nicht funktionieren.

Denn die Realität ist, dass nahezu alle Unternehmen einen negativen Impact auf der Welt hinterlassen. Viele Unternehmen bedienen sich der Rohstoffe unserer Erde zu einem viel zu günstigen Preis und hinterlassen Müll, zerstörte Ökosysteme und viel zu viel CO_2. Wachstum bedeutet auch immer höheren Ressourcenverbrauch. Es wird zwar vermeintlich »Wert« geschaffen bzw. der Unternehmenswert und das Bruttoinlandsprodukt wachsen im Erfolgsfalle, aber wer profitiert tatsächlich davon? Welchen persönlichen Preis zahlen die Mitarbeitenden, wenn ihre Gesundheit durch Stress und Leistungsdruck strapaziert wird, sie weniger Zeit mit ihrer Familie oder einfach zu wenig Zeit für sich selbst haben?

Spannende Einsichten gibt hier eine große Langzeitstudie aus dem letzten Jahr, durchgeführt von einer der größten gesetzlichen Krankenversicherungen Deutschlands, die dafür die Daten von 2,5 Millionen erwerbstätigen Versicherten ausgewertet hat.[98] Seit 1997 hat sich die Zahl der Krankschreibungen, die durch psychisches Leiden verursacht wurden, verdreifacht. Der häufigste Grund, warum Arbeitnehmer_innen krankgeschrieben werden, ist übrigens eine Depression. Jede/r 18. Arbeitnehmer_in fällt demnach aufgrund von psychischen Problemen zeitweise aus, was hochgerechnet etwa 2,2 Millionen Arbeitnehmer_innen in Deutschland ausmacht. Natürlich haben wir auch mehr Krankschreibungen, weil wir langsam offener mit dem Tabuthema psychische Gesundheit umgehen, aber allein diese monströse Zahl und die Diagnose Depression als Hauptgrund für Krankschreibungen muss uns als Gesellschaft zu denken geben. Frauen wurden 2018 übrigens doppelt so häufig wegen seelischen Leiden krankgeschrieben als Männer. Einige der Gründe dafür haben wir im Kapitel UNFUCK Ungleichheit beschrieben.

Nicht weniger spannend ist der Blick in die jährliche Gallup-Studie zum Grad der emotionalen Bindung der Arbeitnehmer_innen an ihr Unternehmen. Wir alle kennen sicherlich den Montags-Blues, wenn wir nach einem Wochenende wieder zur Arbeit müssen und nicht wirklich Bock haben. Wenig erstaunlich ist dann auch, dass die erste Webseite, die viele Arbeitende am Montag aufsuchen,[99] die Online-Stellenbörse ist. Die Gallup-Studie bestätigt den Montags-Blues und zeigt, dass es sogar noch viel schlimmer steht um die Arbeitsmoral. 2019 haben ganze 16 Prozent der Arbeitnehmer_innen, also circa 6 Millionen Menschen, innerlich gekündigt. Ganze 69 Prozent, also 25,6 Millionen Arbeitnehmer_innen, machen

---

98 https://www.dak.de/dak/bundesthemen/dak-psychoreport-2019-dreimal-mehr-fehltage-als-1997-2125486.html

99 https://www.sueddeutsche.de/karriere/jobs-jobsuche-stellenboerse-arbeit-1.4576771

nur Dienst nach Vorschrift. Gerade mal 15 Prozent fühlen sich verbunden mit ihrem Unternehmen. Der volkswirtschaftliche Schaden, allein der 16 Prozent innerlich Gekündigten, wird auf 122 Milliarden Euro geschätzt.

Nur 15 Prozent der Arbeitnehmer_innen fühlen sich mit ihrem Unternehmen verbunden, die Zahl muss man sich mal auf der Zunge zergehen lassen. Wir fucken mit unserem Wirtschaftssystem den Planeten ab, zerstören unser Klima, rotten bald eine Milliarde Tier- und Pflanzenarten aus, haben die größte Schere zwischen Arm und Reich, die man sich vorstellen kann, steuern aufgrund des vom Kapitalismus beförderten Rassismus und vieler anderer Diskriminierungen auf unvorstellbare Dimensionen sozialer Unruhen zu – und gerade mal 15 Prozent der Zahnräder dieses Systems sind happy dabei?

Vielleicht lässt sich auch so der große Hype um *New Work* und die vermeintliche Rückbesinnung auf *purpose* und Unternehmenswerte erklären. Die Menschen spüren, dass irgendetwas nicht stimmt. Dass ihre Arbeit samt der Zielvereinbarungsgespräche und KPI's (Leistungskennzahl) vielleicht sogar bedeutungslos und alles andere als systemrelevant ist. In einer Umfrage von 12.000 Fachkräften durch die *Harvard Business Review* sagten die Hälfte der Teilnehmenden, dass ihr Job für sie keinen Sinn oder keine Bedeutung habe. Eine andere neuere Studie unter britischen Arbeitnehmer_innen ergab, dass ganze 37 Prozent denken, dass sie einen *bullshit job* ausüben. Interessanterweise, und das ist uns durch Corona sehr bewusst geworden, sind viele gut bezahlte Jobs wie eben der des Investmentbankers für uns als Gesellschaft und die Umwelt eher schädlich, und viele unterbezahlte Jobs wie Krankenpfleger tragen überproportional zum Gemeinwohl bei. Der britische Thinktank *New Economics Foundation* (NEF) hat sich nach der letzten Finanzkrise in 2008 sechs Berufe angeschaut[100] und deren Wert der Arbeit verglichen. Dabei griffen sie auf die *Social Return on Investment-Analyse* zurück (zu Deutsch etwa: Soziale Rendite auf das eingesetzte Kapital, ein Ansatz, der sich mit der Bewertung des gesellschaftlichen Mehrwerts durch soziale Projekte beschäftigt) und ließen neben ökonomischen auch gesellschaftliche und ökologische Faktoren einfließen. Investmentbanker zerstören demnach für jedes Pfund, das sie verdienen, 7 Pfund an Wert, und bei Gehältern in einem Rahmen von 500.000 bis 10.000.000 Pfund ist das nicht gerade wenig. Kinderbetreuer_innen hingegen schaffen für jedes Pfund, das sie verdienen, bis zu 9,5 Pfund Mehrwert für die Gesellschaft. Führungskräfte in der Werbeindustrie zerstören 11 Pfund an Wert, das sie pro Pfund verdienen. Denn ihre Arbeit führt laut NEF zu Verschuldung, sei es durch übermäßigen Konsum, Unzufriedenheit und Stress durch das ständige Gefühl, nicht genug zu sein oder zu haben. Reinigungskräfte in Krankenhäusern hingegen schaffen für jedes Pfund über 10 Pfund an gesellschaftlichem Wert. Auch wenn diese Berechnungen in Großbritannien gemacht wurden, so dürften die Ergebnisse in Deutschland ähnlich ausfallen – oder hat jemand von euch während der Corona-Krise auf dem Balkon gestanden und für Investmentbanker geklatscht?

Die Leute wollen also etwas machen, was sinnstiftend ist. Und sie wollen es auf eine Art und Weise tun, die sie nicht krank macht. Der Hype um *New Work* ist also da. Aber was heißt *New Work* eigentlich genau? Frithjof Bergmann, der Erfinder des Konzepts, definiert das Ganze so: »New Work ist die Arbeit, die ein Mensch wirklich, wirklich will.« Und wel-

---

100 https://neweconomics.org/2009/12/a-bit-rich

cher Mensch will eine Arbeit, deren Hauptzweck es ist, ein paar wenige auf Kosten vieler reich zu machen und dabei unseren Planeten abzufucken?

Wie bereits im Kapitel UNFUCK Ungleichheit erwähnt, ist Dänemark ein gutes Beispiel dafür, was passiert, wenn ein signifikanter Teil der Wirtschaft nicht dem heiligen Gral des Aktionärswertes folgt, sondern 60 Prozent der gesamten Marktkapitalisierung des dänischen Aktienindexes von Unternehmen in Verantwortungseigentum repräsentiert werden. Insbesondere die Auswirkungen auf die Arbeitsrealität sind spannend: Die bereits erwähnte Studie aus Dänemark zeigt, dass Unternehmen in Verantwortungseigentum besser für die Mitarbeiter_innen sind. Arbeitsplätze sind sicherer, vor allem in Krisenzeiten. Die Bezahlung ist besser, Mitarbeitende und speziell Führungskräfte bleiben länger bei der Firma, und die Frauenquote ist höher. All diese Faktoren kann ich übrigens aus eigener Erfahrung bei *einhorn* bestätigen. Natürlich: Mittelstand und Verantwortungseigentum sind keine Garantien für bessere Arbeitsverhältnisse in der gesamten Wertschöpfungskette, aber aus meiner Sicht ist diese Eigentumsstruktur eine wesentliche Voraussetzung, um *New Work* und alles, was damit einhergeht, überhaupt erst umsetzen zu können.

Wenn das Fundament für eine bessere Arbeitswelt durch eine entsprechende Eigentümer_innenstruktur und damit auch breitere Mitsprache der Mitarbeitenden erst einmal gelegt ist, kann die herausfordernde, aber lohnenswerte Reise beginnen. Für viele Unternehmen und auch für *einhorn* begann diese Reise mit dem Standardwerk *Reinventing Organizations* von Frederic Laloux. Der Ex-Unternehmensberater gibt den Leser_innen in seinem Buch erstmal eine spannende Einsicht in die Geschichte der menschlichen Organisationsformen, um die Zusammenhänge und Funktionsformen der heutigen Arbeitswelt besser zu verstehen. Historiker_innen, Psycholog_innen und Philosoph_innen, die sich mit der menschlichen Evolution befassen, sind sich einigermaßen sicher, dass sich die Menschheit nicht konstant weiterentwickelt hat, sondern ruckartig in Sprüngen. Das Ergebnis der nächsten Stufe ist meist unvorhersehbar und so disruptiv, dass man es gut mit der Transformation von einer Raupe zu einem Schmetterling vergleichen kann.

Zunächst lebten wir Zehntausende Jahre in Klans von ein paar Dutzend oder Hundert Menschen. Es war noch keine richtige Organisationsstruktur erkennbar. Zunehmend ließen sich Menschen nieder und formten größere Gruppen mit bis zu tausend Menschen oder mehr. Diese Komplexität des Zusammenlebens zwang uns auf die erste (rote, impulsive) Stufe. Es brauchte fortan einen mächtigen Häuptling, und der soziale Frieden wurde oft mit Gewalt hergestellt. Auch heute noch finden wir diese impulsive Stufe zum Beispiel in mafiösen Strukturen, aber auch viele kleine Unternehmen funktionieren noch nach diesem Muster. Diese impulsive Energie ist übrigens nicht per se schlecht, denn ohne sie gäbe es auch keine verrückten, utopischen Projekte und auch kein Unternehmertum. Aber wie bei allem gilt Paracelsus' Grundsatz: Die Dosis macht das Gift.

Nach dieser roten, impulsiven Stufe kam die traditionelle, konformistische Stufe, der Laloux die Farbe Bernstein zuweist. Man hat gelernt, seine impulsive rote Energie im Zaum zu halten, und hält sich dafür an Gesetze, die irgendjemand erfunden hat. Diese Gesetze geben vor, was richtig oder falsch ist. Schuld und Scham sind für den Zusammenhalt der Gesellschaft enorm wichtig, und man tut, was man kann, um nicht aufzufallen und innerhalb der vorgegebenen Position in der Hierarchie zu bleiben. Laut Umfragen lebt ein großer Teil der weltweiten Bevölkerung auf dieser Stufe, und typische konformistische Organisationen auf dieser Ebene sind die katholische Kirche, die Armee, Regierungsbehörden und viele Schulen und Universitäten. Auch hier gilt wieder: Die Energie dieser Stufe ist nicht per se gut oder schlecht, und sie hilft uns, Prozesse wiederholbar und stabil zu machen. Nur so konnte es gelingen, beispielsweise Bewässerungssysteme oder komplexe Bauwerke zu bauen.

Dann kamen Revolutionen in Industrie und Wissenschaft und mit ihnen die moderne leistungsorientierte Stufe (orange). Richtig und Falsch sind nun nicht durch eine transzendentale Macht (und deren angebliche Vertreter auf Erden) vorgegeben, sondern müssen untersucht und verstanden werden. Und wer besser versteht, wird klüger und innovativer und damit auch erfolgreicher und mächtiger. Alles ist möglich, selbst der Aufstieg vom Tellerwäscher zum Millionär, sofern der Tellerwäscher weiß und männlich ist und aus dem globalen Norden stammt...

Die Energie dieser Stufe hat uns den heutigen Wohlstand und die hohe Lebenserwartung beschert – aber eben auch Klimakrise und Ungleichheit[101] auf der Welt gebracht. Die

---

101 Nicht nur sind die Unterschiede zwischen Industrie- und Entwicklungsländern vehement, in vielen Staaten ist außerdem die relative Armut sehr hoch. Im Gegensatz zur absoluten Armut definiert sich relative Armut im Verhältnis zum Status anderer Personen, die im gleichen Wirtschaftsraum leben. Das heißt, selbst Menschen, die ihre Grundbedürfnisse finanzieren können, sind unter Umständen arm im Vergleich zu ihren Mitmenschen. Und während sich unsere Lebensverhältnisse insgesamt historisch gesehen deutlich verbessert haben, ist die Ungleichheit in Bezug auf relative Armut so schlimm wie nie zuvor. Dazu kommt, dass Armut in sogenannten

meisten Managementtheorien und die Managementpraxis beruhen auf dieser Stufe, und auch der Shareholder Value hat es sich auf dieser Stufe gemütlich gemacht. Auf dieser leistungsorientierten Stufe werden Organisationen mit Maschinen verglichen, die effizient Profite erwirtschaften müssen. Menschen sind dabei nur Ressourcen, auch Human Resources genannt, und die maschinelle Sprache ist bezeichnend. Wir sprechen dauernd von Input und Output, Skalieren, Reengineering, Downsizing, von »richtig Gas geben«, als wären wir ein Auto. Klar, die Energie dieser Stufe brachte uns viele exzellente Forschungs- und Entwicklungsabteilungen und Innovationen wie, sagen wir mal, die Geschirrspülmaschine. Das Problem ist aber, dass es bei dieser leistungsorientierten Maschine kein Laufzeitende gibt. Um bei der Geschirrspülmaschine zu bleiben: Das dreckige Geschirr ist längst sauber, beziehungsweise ein Teil der Menschheit hat eigentlich inzwischen alles, was er zum Leben braucht, aber die Maschine spült einfach weiter. Und weil Spülen so viel Spaß macht, vergrößert die Maschine sogar noch ihr Volumen. Da aber nicht genügend dreckiges Geschirr vorhanden ist, muss sich die Maschine künstlich mehr besorgen, oder anders gesagt: Es müssen neue Bedürfnisse bei den Menschen (z.B. durch schlaue Werbemenschen) geweckt werden, von denen sie gar nicht wussten, dass sie sie haben. Mein persönliches Highlight sind Duftmarketing-Agenturen: Durch das richtige Parfümieren von Spielautomaten kann man 45 Prozent mehr Geld einnehmen.[102] Schön ist auch, wie die Spielzeugindustrie das Ganze

---

wohlhabenden Ländern zu Angst, Krankheiten und Stress führt, wie Rutger Bregman in seinem Buch *Utopien für Realisten* ausführlich erklärt.

102 Nachzulesen in dem Buch *DAVID gegen GOLIATH: Wir können Ökonomie besser* von Günter Faltin.

angegangen ist: Um noch mehr Spielsachen zu verkaufen, haben sich ein paar clevere Marketingtypen irgendwann überlegt, dass man doch nach Geschlechtern getrennt vermarkten könnte. Noch in den 1980er-Jahren warb beispielsweise LEGO mit einem Mädchen in Latzhose, das die bunten LEGO-Steine zeigte. Heute hat das Unternehmen verschiedene Sortimente für Jungen und Mädchen. Denn wo kämen wir hin, wenn die kleine Schwester mit den »normalen« LEGO-Steinen des großen Bruders spielt? Nein, für die Mädchen gibt's jetzt pinkes LEGO. Dass die Mädchenrollen vor allem darauf angelegt sind, hübsch auszusehen, und die Jungsrollen vor allem darauf zu kämpfen, mag einer der vielen Gründe dafür sein, dass klassische Rollenbilder immer noch in so vielen Köpfen in Stein gemeißelt sind.[103] Und spätestens seit der Axe-Duschgel-Werbung sollten wir wissen, dass die Werbung vor aggressivem Gender-Marketing keinen Halt macht. Hauptsache, Bedürfnisse wecken, Konsum ankurbeln. Wachstum um des Wachstums willen. In der Medizin kennt man das übrigens als Krebs.

In der Wirtschaft und Spitzenpolitik ist die moderne leistungsorientierte Stufe vorherrschend, mit Symbolfiguren wie Donald Trump, der wohl wie kein anderer die Kombination aus politischer und wirtschaftlicher Macht repräsentiert ... bei seiner Nennung ergibt auch die Farbe Orange für diese Stufe noch einmal zusätzlich Sinn.

Viele Forscher_innen, gemeinnützige Organisationen, soziale Start-ups und Aktivist_innen sind auf der postmodernen pluralistischen Stufe mit der fast klischeehaften Farbe Grün zu finden. Die Abschaffung der Sklaverei, das Frauenwahlrecht

---

103 Eine spannende Analyse dazu: https://www.deutschlandfunk.de/gender-studies-getrennte-spielwelten.724.de.html?dram:article_id=409544

und die Religionsfreiheit beruhen auf den Bemühungen von einer kleinen Gruppe von Menschen mit dieser postmodernen pluralistischen Weltsicht. Erst in den Sechziger- und Siebzigerjahren des vergangenen Jahrhunderts breitete sich diese Weltsicht aus und wurde zumindest in der westlichen Welt Mainstream. Auf dieser Stufe sehen sich Organisationen eher als Gemeinschaften. Organisationen sind dann keine Maschinen, sondern eine Gemeinschaft, in der das Wohl jedes Mitglieds entscheidend für den Erfolg der gesamten Organisation ist. Es gibt keine oder nur marginale Hierarchien. Wer nah am Geschehen ist, entscheidet. Geschäftsführer_innen (falls es sie überhaupt gibt) sorgen eher als Diener_innen dafür, dass alle vernünftig arbeiten und wirken können. Regeln werden durch gemeinsame Werte ersetzt. Nicht der Shareholder Value steht im Vordergrund, sondern der Wert für alle in der Wertschöpfungskette inklusive unserer Natur.

Wichtig ist laut Laloux – und diese Ansicht kann ich sehr wohl aus meinen eigenen Erfahrungen bei *einhorn* bestätigen –, dass keine Organisation absolut modern oder postmodern ist. Jede Organisation arbeitet auf mehreren Stufen, und ehrlicherweise muss man auch sagen, dass jeder Mitarbeitende etwas anderes benötigt, um sich sicher zu fühlen. Oft merken wir gar nicht, dass wir zum Beispiel von traditionellem, konformistischem Denken geleitet werden, und glauben, dass wir immer auf der postmodernen Stufe arbeiten. Ganz einfach, weil wir das in der Schule oder Uni so gelernt haben und noch nicht genügend Zeit hatten, es zu *ver*lernen.

Neben den vier erwähnten Stufen, die uns bis heute in verschiedenen Organisationen und Weltsichten begegnen, entwickelt sich eine fünfte, die Laloux die integrale evolutionäre Stufe nennt. Die Farbe dafür ist Petrol. Niemand weiß genau, wie diese integrale Sichtweise die Welt verändert, und auch wenn einige Forscher wie Maslow, Graves und Kegan schon seit einiger Zeit daran arbeiten, diese nächste Stufe zu verstehen, befinden wir uns hier noch mitten im Prozess.

Charakteristisch für diese Sichtweise – Achtung, das mag jetzt für einige nach esoterischem Hokuspokus klingen – ist die Loslösung vom eigenen Ego. Die Erkenntnis, dass das bisherige Leben von den Wünschen, Ängsten und Zielen des Egos bestimmt worden ist, bildet den Auftakt zu einer Entdeckungsreise zu sich selbst. Unsere Entscheidungsfindung durch das Ego ist von äußeren Faktoren wie Geld, Einfluss und Macht beeinflusst, während auf der integralen evolutionären Stufe innere Maßstäbe zählen. Dann wird man sich zum Beispiel fragen: »Fühlt sich diese Entscheidung richtig an? Kann ich damit der Welt dienen?« Die Menschen auf dem Weg zu dieser integralen Sichtweise spüren eine gewisse Leere in der modernen Welt, sie bedauern außerdem, dass sie das Gefühl für Gemeinschaft und die Verbundenheit mit der Natur verloren haben.

Um zu erfahren, ob es solche Organisationen, die auf der integralen Stufe agieren, bereits gibt oder sich zumindest schon auf den Weg gemacht haben, hat Laloux über drei Jahre recherchiert und viele außergewöhnliche Organisationen, ob nun gewinnorientiert oder gemeinnützig, aus den verschiedensten Branchen und Ländern analysiert. Sie mussten allerdings seit mindestens fünf Jahren bestehen und mindestens über 100 Mitarbeiter_innen verfügen. Tatsächlich konnte er zwölf solcher Organisationen identifizieren, und die Erkenntnisse und Parallelen trotz komplett unterschiedlicher Branchen könnten nicht spannender sein: von Buurtzorg, dem niederländischen ambulanten Pflegedienst mit über

14.000 Mitarbeitenden, über FAVI, einem französischen Automobilzulieferer mit 400 Mitarbeitenden, oder Patagonia, der Outdoor-Bekleidungsmarke mit 1.350 Mitarbeitenden, aber auch ESBZ, einer öffentlichen Berliner Schule mit 1.500 Schüler_innen, Mitarbeitenden und Eltern. Die größte Organisation in seiner Untersuchung war AES, ein globaler Energieproduzent mit 40.000 Mitarbeitenden weltweit.

Viele dieser Organisationen sehen sich weder als Maschinen noch als Familien, sondern eher als lebende Organismen oder lebendige Systeme. Wie ein natürliches Ökosystem in der Natur brauchen sie keine zentrale Entscheidungsstelle, sondern setzen auf den selbstorganisierenden Drang einer jeden Zelle und eines jeden Organismus. Selbstführung bzw. Selbstbestimmung in Teams war ein zentrales Element bei den untersuchten Organisationen. Die Abkehr von Hierarchien und Bürokratie hin zu fluiden Systemen verteilter Autorität ebenfalls.

Eine weitere wichtige Gemeinsamkeit solcher Organisationen ist der Anspruch, dass alle Mitarbeitenden sie selbst sein können und keine Maske tragen müssen, wie wir es sicher alle aus unseren eigenen aktuellen oder vergangenen Jobs kennen. Da muss man sich nur an das Theater bei Vorstellungsgesprächen erinnern, das wir alle sicherlich schon einmal gespielt haben.

Die dritte wesentliche Gemeinsamkeit ist der evolutionäre Sinn solcher Organisationen. Es gibt keine vorgegebenen Ziele oder Zukunftsvorhersagen von irgendwem, sondern alle Mitglieder der Organisation sind eingeladen, wahrzunehmen und zu verstehen, was die Organisation werden will und welchen Weg sie einschlagen möchte.

Am besten lässt sich das am Beispiel Buurtzorg zeigen. Die

Organisation passt gleichzeitig ideal in unsere Zeit, weil sie eine systemrelevante Branche darstellt und jeden von uns in irgendeiner Weise früher oder später beschäftigen wird: die Altenpflege.

In den Niederlanden kümmerten sich seit dem 18. Jahrhundert ein bis zwei Krankenschwestern aus der Nachbarschaft um die Alten und Kranken in der Umgebung und besuchten diese zu Hause. Die Kosten dafür trug das staatliche Sozialversicherungssystem. Irgendwann in den 1980er-Jahren hatte die niederländische Regierung, ganz getreu der modernen, leistungsorientierten Weltsicht, die Idee, diese Prozesse zu verschlanken und zu optimieren. Wenn sich die mobilen Krankenpfleger_innen großen Organisationen anschließen würden, mit zentralem Management, dann würde man viele Vorteile der sogenannten Skaleneffekte *(economies of scale)* mitnehmen und eine Menge Geld sparen. Positive Skaleneffekte kriegt man als BWL-Student übrigens ab dem ersten Semester als ungemein wertvoll eingetrichtert.

Damit die Pflegekräfte flexibler eingesetzt werden können, trennte man sich von der langjährigen Praxis, jedem Patienten eine vertraute Pflegekraft zuzuweisen, stattdessen kam jeden Tag eine andere Pflegekraft nach Hause. Über Callcenter konnten Patient_innen fortan bei Problemen anrufen, da es ja die eine vertraute Pflegekraft nicht mehr gab, die sie vorher direkt erreichen konnten. Erfahrene Pflegekräfte wurden aufgrund ihrer höheren Kosten nur noch für schwierigere Tätigkeiten eingesetzt, unerfahrenere übernahmen leichtere Aufgaben. Natürlich arbeiteten die verschiedenen Pflegekräfte unterschiedlich schnell, also musste man das Ganze standardisieren. Alle Aufgaben wurden minutengenau getaktet und Planungsabteilungen geschaffen, die die Tagespläne ausgaben und kontrollierten. Um noch mehr Skaleneffekte zu realisieren, fusionierten die großen Pflegeunternehmen. Das Ergebnis waren noch mehr Hierarchien und Managementlevel. Dazu kam, dass viele der Manager_innen überhaupt keine Erfahrung mit der Krankenpflege hatten. Arbeit gab es aber dennoch genug für sie: Abläufe mussten optimiert und Daten gesammelt werden. Jede Pflegekraft musste beim Betreten und Verlassen der Räume der Patienten einen Barcode an der Tür einscannen. Das war toll für die Manager_innen, denn jetzt konnten sie Pflegekräften eindeutig nachweisen, dass sie zu langsam oder zumindest langsamer als ihre Kolleg_innen waren. Die Maschine lief wie am Schnürchen. Effizient und flexibel. Es gab allerdings ein Problem, und das können wir uns alle, die Großeltern haben, sehr gut vorstellen: Für ältere Menschen ist dieses System ein Horror. Ständig kommen wechselnde fremde Menschen in ihr Haus. Und diese Fremden haben nicht mal Zeit sich vorzustellen, sondern müssen in wenigen Minuten mit ein paar Handgriffen selbst die Intimpflege durchführen, bevor sie schnell wieder verschwinden. Jeden Tag aufs Neue. Und auch die Pflegekräfte hassten dieses System, sie waren fortan nur noch Roboter, und die zwischenmenschliche Interaktion, die vorher ein so wesentlicher Teil ihrer Arbeit war, war einfach wegrationalisiert worden.

Einer dieser frustrierten Krankenpfleger war Jos de Blok. Nach zehn Jahren kündigte er enttäuscht seinen Job (ähnlich wie meine Mutter) und gründete die Firma Buurtzorg. Seither setzt er auf kleine selbstorganisierende Teams von zehn bis zwölf Personen. Jedem/r Patient_in werden ein bis zwei feste Pflegekräfte zugewiesen, und die Managementaufgaben übernehmen alle im Team. Die Krankenschwestern und Pflegekräfte erhalten komplette Freiheit bei der Umsetzung ihrer

Aufgaben. Sie machen es sich wieder zur Hauptaufgabe, die Patient_innen dabei zu unterstützen, ein möglichst lebenswertes und unabhängiges Leben zu führen, und finden so selbst zu ihrer eigenen Berufung, ihrem Sinn zurück. So bilden sie oft ein Netzwerk von Unterstützenden für die Patient_innen und klingeln auch schon mal bei den Nachbarn, um sie fragen, ob sie ab und zu helfen können. Buurtzorg hat die Maschinerie von Effizienz und positiven Skaleneffekten um Längen geschlagen und sowohl menschlich als auch wirtschaftlich gewonnen. Das Unternehmen hält heute 20 Prozent des niederländischen Markts für ambulante Pflege, wurde fünf Mal zum besten niederländischen Arbeitgeber gewählt und kann sich vor Bewerbungen kaum retten. Bis heute sind die über 10.000 Mitarbeitenden in selbstbestimmten Teams von zehn bis zwölf Menschen organisiert, und die Firmenzentrale umfasste im Jahr 2014 gerade mal 45 Menschen – bei 280 Millionen Euro Umsatz und 70.000 Patienten! Trotz dieser Firmengröße gibt es in der ganzen Organisation keine Vorgesetzten. Niemand kann einem anderen etwas vorschreiben, und trotzdem oder genau deswegen funktioniert Buurtzorg besser als die vorherige Maschine mit unzähligen Vorgesetzten. Weitere spannende Effekte stellten sich ein: So wurden 30 Prozent weniger Patient_innen in die Notaufnahme eingeliefert, weil die Pflegekräfte aufgrund ihrer Vertrautheit Probleme früher erkannten. Schließlich spart Buurtzorg dem holländischen Versicherungssystem mehrere hundert Millionen Euro Kosten ein, was allen Steuerzahlenden zugutekommt. Man stelle sich mal vor, wie Buurtzorg sich entwickelt hätte, wenn es mit Investorengeldern gekauft worden und jetzt vermutlich schon längst an der Börse notiert wäre. Das Resultat kann man sich in Deutschland in vielen Krankenhäusern anschauen, nachdem sie privatisiert worden sind, oder auch in der privaten Krankenpflege. Es bleibt zu hoffen, dass Jos de Blok nicht eines Tages schwach wird.

Die drei wichtigen gemeinsamen Merkmale evolutionär denkender Organisationen spiegeln sich in dem Unternehmen Buurtzorg wunderbar wider: Selbstbestimmte Teams ohne Vorgesetzte und Hierarchie, Mitarbeiter_innen, die wieder sie selbst sein können, ohne sich wie Roboter zu fühlen, und als lebender Organismus voller vieler kleiner Zellen mitentscheiden, wohin die Reise geht.

Ich kann mich noch genau an den Moment erinnern, als Elisa auf unserem allerersten Teamausflug von *einhorn*[104] im Sommer 2016 das Buch von Laloux in den Händen hielt. Wir waren gerade mal anderthalb Jahre alt, erstmalig aus eigener Kraft profitabel geworden und bildeten ein Team von zehn *einhörnern*.

Aber Moment, ich lege noch mal den Rückwärtsgang ein. Denn angefangen hatte alles mit uns zwei Gründern und drei Werten: Fairstainable. Unicornique. Fight & Hug (kurz: FUG).

- **Fairstainable:** Mit unserer *fairstainability* Vision wollen wir soziale und nachhaltige Aspekte entlang des gesamten Lebenszyklus eines *einhorns* verbessern – von der Kautschukplantage bis zum Kunden. Wir versuchen bei all unserem Tun, ob hier in Deutschland oder in der Lieferkette, *fairstainable* zu handeln.
- **Unicornique:** Wir lieben Feenstaub, Glitzer und Magie. So

---

104 Wir machen zwei Mal im Jahr einen Teamausflug für mehrere Tage, um über die Art und Weise, wie wir arbeiten, und wohin wir als Unternehmen wollen, zu sprechen.

soll alles bei *einhorn* sein. Jeder im Team kann ein Veto einlegen, wenn er der Meinung ist, dass etwas langweilig ist. Das zwingt einen dazu, alle Prozesse zu überdenken, die nach 08/15 aussehen.

- **FUG – Fight & Hug:** Wir streiten uns über verschiedenste Dinge. Oft kommt dabei ein super Resultat raus (auch wenn es emotional extrem anstrengend ist). Das heißt aber meistens: Zügle dein Ego. Streite dich um die Sache und lass dein Ego außen vor. Danach muss sich umarmt werden. Dann ist auch alles gut. Bei uns geht (hoffentlich!) keiner abends mit einem schlechten Gefühl im Bauch schlafen.

Diese drei Werte waren das Ergebnis nach monatelangen Diskussionen, Kämpfen, Lachen und Weinen, aus ihnen sollte unser kleines *einhorn* entstehen, wachsen und sogar alt werden können. Es war ein Novum für meinen Mitgründer Philip und mich, dass wir uns so was wie »Werte« schon vor der Unternehmensgründung, also schon Monate vor der ersten Einstellung eines weiteren *einhorns* überlegten. Dennoch war diese Maßnahme bereits der erste und vielleicht wichtigste Baustein für wirklich neues Arbeiten und Wirtschaften.

Firmenwerte. Das klingt jetzt wahrscheinlich eher spießig und nicht besonders innovativ für euch. Schließlich hängen diese als große Poster inzwischen in fast jedem Konzern am Empfang. Meistens erarbeitet von einer tollen Marketingagentur, 30 bis 50 Jahre nach Gründung (oder man hat sie nach zehn Jahren mal wieder auf Vordermann gebracht, denn Zeiten ändern sich ja bekanntlich). Oft beinhalten diese Firmenwerte Füllwörter wie »Teamgeist« und »Leidenschaft«.

Wir stellten uns die Frage, warum es unser Start-up, dieses neue Unternehmen überhaupt auf der Welt braucht. Wir stellten uns die Frage, wie wir verhindern können, doch wieder in alte Muster zurückzufallen und dem Narrativ »alles für den Gewinn« und »Wachstum um jeden Preis« zu verfallen? Wie stellen wir sicher, dass wir keine Bullshit-Company werden, mit lauter Bullshit-Jobs, die wir nur durch massive Werbung am Laufen halten können? Ich denke dabei vor allem an solche Unternehmen, die den Menschen ein schlechtes Gefühl über ihr Aussehen oder ihren Lifestyle einreden, um diesen Menschen dann die entsprechenden »heilbringenden« Produkte zu verkaufen, die sie schöner und gesünder und cooler werden lassen. Das wollten wir nicht sein. Und wir stellten uns auch die Frage, wie wir beide persönlich und gemeinsam arbeiten wollen. Unbewusst ging es auch ein bisschen darum, den Schleier des Nichtwissens (siehe Praxisübung am Ende des Buches) abzulegen: Wie würde man also ein Unternehmen aufbauen, wenn man nicht vorher wüsste, in welcher Position der Wertschöpfungskette man später arbeitet? Wie schaffen wir ein Unternehmen, das allen Stakeholdern – von der 71-jährigen Kautschukzapferin Kowri in Malaysia über den Paketdienstboten Marco in Berlin, der die Kondome ausliefert, bis hin zur Natur – einen kleinen Mehrwert bietet oder ihnen zumindest nicht schadet?

Unsere drei Firmenwerte *unicornique*, *fairstainable* und *fug* hatten sich im ersten stürmischen Unternehmensjahr ganz passabel bewährt. Laloux und Buurtzorg boten großartige Inspiration und gaben uns Sicherheit, dass auch erfahrene und größere Organisationen in Arbeit und Wirtschaft anders denken und trotzdem erfolgreich sein konnten – aber sie lieferten natürlich keine To-do-Liste für einen Organisationsaufbau. Zusätzlich untersuchte Laloux ja bewusst Unternehmen mit über 100 Mitarbeitenden und solche, die die kritischen ersten fünf Jahre bereits überwunden hatten, in denen die meisten neuen Organisationen scheitern.

Also mussten wir es eben selbst herausfinden. Philip und ich waren die meiste Zeit unseres vorherigen Berufslebens Firmengründer und damit auch Chefs. Diese Erfahrungen stammen allerdings aus der leistungsorientierten Welt und waren somit nicht wirklich zu gebrauchen, beziehungsweise wir wollten bewusst vieles davon nicht wiederholen. Und aufs Chefsein hatte ich nach all den Jahren wirklich keine Lust mehr, da ich einen Großteil meiner Zeit mit Dingen wie Urlaubsfreigaben, Gehaltsverhandlungen, Investorengesprächen, *reporting meetings* und so weiter verbrachte und viel zu selten wirklich kreativ werden konnte.

Wir sahen uns zu dem Zeitpunkt mit *einhorn* eher auf der postmodernen, pluralistischen Stufe, und das Bild einer Familie oder einer Gemeinschaft schien uns und den meisten *einhörnern* irgendwie geeigneter. Die meisten anderen jungen *einhörner* hatten auch kaum Berufserfahrung, und wenn, dann brachten sie sie aus der postmodernen Welt mit. So saßen wir dann mit zehn *einhörnern* vor einem Flipchart mit vielen Fragen an einem großen Tisch in einem Garten eines Ferienhauses, irgendwo in Meck-Pomm. Jetzt, vier Jahre später mit mehr als doppelt so vielen *einhörnern* und einem fünf Mal so hohen Umsatz wie damals, haben wir eine Menge Dinge ausprobiert und vieles wieder verworfen. Einige Dinge haben sich bewährt und werden ständig weiterentwickelt. Absolute Transparenz über alle Kennzahlen des Unternehmens für alle *einhörner* gehört dazu, sei es Umsatz, Kontostand, Verkaufsmengen, Margen, Löhne oder anderes. Selbstbestimmtes Handeln verlangt unternehmerische Übersicht, und die hat man nur, wenn man auch Zugriff auf alle Zahlen hat. Zusätzlich sorgt es für ein hohes Maß an Vertrauen.

Niemand ist mehr weisungsgebunden.

Bereits beim zweiten Teamausflug im Januar 2017 einigten Philip und ich uns auf diesen Satz, damals inspiriert vom Holokratie-Hype[105], auch wenn wir die Holokratie nach Robertson nie wirklich einführten. Damit blieben auch viele äußere Organisationsstrukturen und Prozesse außen vor, und erst später lernten wir dank unserem heutigen Coach Bettina Rollow, warum dieser Schritt uns erstmal direkt ins Chaos stürzte – aber dazu später mehr. Wir haben unbegrenzten Urlaub, und wer zu wenig nimmt, wird schon mal »zwangsbeurlaubt«. Wir schreiben keine Anwesenheitspflicht im Büro vor. Wir ermöglichen selbstbestimmten flexiblen Wechsel von Teil- zu Vollzeit und andersrum. Wir bieten kostenloses Frühstück, Obst, Snacks, Kaffee, Getränke und natürlich Kondome (*all you can fuck*) und unlimitierte Menstruationsprodukte für den Eigengebrauch. Aber auch unseren wunderbaren Masseur Hauke, der uns ab und zu durchknetet und dabei Kehlkopfgesang praktiziert (Hauke ist übrigens echt der Wahnsinn – und wer nach der Massage pennen will, kann sich in eine Schlafkoje mit Geheimtür über dem Meetingraum verziehen). Außerdem haben wir einen Psychotherapeuten, den alle *einhörner* bei Bedarf besuchen können, was sie auch gerne in Anspruch nehmen. Wir investieren viel in Coaches für Kommunikation (vor allem GFK, aber dazu später mehr),

---

105 Holokratie ist eine von dem amerikanischen Unternehmer Brian Robertson in seiner Firma *Ternary Software Corporation* entwickelte Systemik, die Entscheidungsfindungen »mit durch alle Ebenen hindurch gewünschter Transparenz und partizipativen Beteiligungsmöglichkeiten« in großen Netzwerken und vielschichtigen Unternehmen eine günstige Struktur gibt.

Organisationsaufbau und probieren auch immer wieder neue Dinge aus: Darunter auch einen sogenannten Zauberworkshop, in dem ein Zauberer die Tricks hinter seinen Kunststücken erklärte (den würde ich aber nicht empfehlen, weil man danach ziemlich desillusioniert ist). Das war ein bisschen so wie damals, als man erfuhr, dass es den Weihnachtsmann in Wirklichkeit gar nicht gibt.

Wir haben keine quantitativen oder monetären Unternehmensziele, keine KPIs, keine Reportings, keine Budgets und damit auch keine Zielvereinbarungsgespräche. Wir haben keine Personalabteilung, Finanzen macht unser *einhorn* Jördis noch allein, und auch sonst haben wir keine »Zentralfunktionen«, wie man es aus Konzernen kennt. Fragen oder Anpassungen zum Gehalt beantwortet der gewählte Gehaltsrat. Wie schon zuvor mehrmals ausführlich beschrieben, sind wir seit Ende 2019 auch ein *purpose*-Unternehmen, sodass alle Gewinne ausschließlich in die Firma fließen. Wenn man all das so hört, dann könnte man denken, dass dieser »Chaosladen« niemals funktionieren kann. Zumindest wäre ich nach meiner postmodernen BWL-Ausbildung und den vielen klassischen Unternehmensberater-, Start-up- und Investment-Erfahrungen davon ausgegangen. Aber genau das Gegenteil ist der Fall. Unsere Mitarbeitenden aka *einhörner* haben nicht nur eine hohe Motivation, auch die Mitarbeiterfluktuation ist vergleichsweise gering. Eine geringe Motivation und hohe Mitarbeiterfluktuation wird in klassisch geführten Unternehmen oft als bedauerliches Übel hingenommen, dabei sollte doch jedem klar sein, dass Demotivation und Fluktuation extrem viel Kosten verursachen. Wir wirken dem entgegen, mit Methoden, die immer noch als ungewöhnlich empfunden werden, weil wir fest an eine andere Art des Arbeitens glauben. Wobei ich zugeben muss, dass ich manchmal selbst immer noch erstaunt bin, dass ein Unternehmen so funktionieren kann. Aber die Wahrheit ist: Ich habe noch nie so einen hohen Grad an Verantwortung bei Mitarbeitenden gesehen wie bei *einhorn*. Und wahrscheinlich sagen wir auch deshalb nie Mitarbeiter_innen, sondern nennen uns alle einfach nur *einhörner*. Die gibt es schließlich auch nicht, es sei denn, man glaubt ganz fest daran.

Auf drei Themen möchte ich gerne noch mal ausführlicher eingehen, weil sie enormes Potenzial bergen für Start-ups oder Unternehmen mit Interesse an evolutionärer Entwicklung oder auch wirklich neuem Arbeiten, aber gleichzeitig auch nicht zu unterschätzende Risiken mit sich bringen. Die drei Themengebiete sind *new work needs inner work*, gewaltfreie Kommunikation und die gute alte Diskussion um das Gehalt.

Es gibt unzählige Beispiele von Unternehmen, die *New Work* oder verschiedene Ansätze wie Holokratie oder agile Methoden einsetzen, aber völlig erschöpft und frustriert nach einigen Monaten zu alten Organisationsstrukturen zurückkehren. Und auch bei *einhorn* sehnten wir uns zeitweise zurück nach alten Strukturen, weil wir die unendlichen Diskussionen leid waren und manchmal eine schnelle Entscheidung von einem klassischen Vorgesetzten verlockend schien. Im Januar 2017 hatten Philip und ich alle Strukturen aufgehoben, uns selbst als klassische Chefs zurückgezogen, auch wenn eine gewisse versteckte Hierarchie der Firmengründer nicht zu leugnen war. In unser beider Augen wirkte es wie eine tollkühne Tat, die Befreiung der armen »unterdrückten« Mitarbeitenden. Jetzt konnten alle ihrer Bestimmung folgen und sich voll entfalten, denn es gab ja keine Ausreden mehr à la: »Ich würde ja gern, aber mein Chef/meine Vorgesetzte lassen mich nicht.« Im Nachhinein gesehen war es etwas naiv, das zu glauben. Das ist in etwa so, als ob man ein Industriehuhn, das sein ganzes Leben in einer geschlossenen Hühnermastanlage ohne Sonnenlicht verbracht hat, auf einmal in die Wildnis entlässt und sagt: Du bist frei, entfalte dich!

Wir alle sind durch unsere Erziehung, Kindergarten, Schule, Universität und Arbeitsleben in irgendeiner Form einer Hühnermastanlage groß geworden. Wir wurden gefüttert und haben gelernt, fleißig unsere Eier äh Arbeit abzuliefern. Wo unsere Futterpellets herkommen, haben wir uns nicht gefragt und auch nicht, ob es so was wie frische Luft oder Sonnenlicht gibt, denn wir kannten ja nichts dergleichen. Wir standen, pickten und legten Eier in unserem kleinen Käfig, und weil weit und breit alle anderen Hühner dasselbe taten, glaubten wir, das sei normal. Jetzt wird so ein Huhn aus der Anlage befreit, darf auf der Wiese herumpicken und soll sich selbst organisieren. Plötzlich ist kein Essen mehr da, die Sonne blendet die lichtempfindlichen Augen, und herumlaufen ist auch anstrengend, weil man als Masthuhn zwar viel Masse mitbringt, aber keine Kondition. Wie auch, man hockte ja sein ganzes Leben in einem Käfig. Ohne Hilfe wollen die meisten dieser Hühner zurück in die Mastanlage oder werden leichte Beute für den Fuchs. Gleichzeitig müssen natürlich auch wir als Unternehmer_innen und Gründer_innen lernen, diesen Prozess zu betreuen, und dürfen dabei niemanden alleinelassen. Darüber hinaus müssen auch wir uns weiterentwickeln und lernen, Verantwortung abzugeben, Freiräume zu geben und es auszuhalten, wenn der gegangene Weg ein anderer ist, als man selbst einschlagen würde.

Bettina Rollow beschreibt in ihrem Buch *New Work needs Inner Work*, das sie mit Joana Breidenbach gemeinsam geschrieben hat, beliebte New-Work-Missverständnisse. So glauben

viele Unternehmen (so wie wir auch), dass sie Selbstorganisation einführen, indem sie alle bestehenden Organisationsstrukturen völlig umkrempeln. Rollow glaubt hingegen, dass
es wichtig ist, eher von den Menschen in der jeweiligen Organisation statt von den Strukturen auszugehen, denn nur »solche Teams können sich selbst organisieren, die entwicklungs-
psychologisch reife Mitarbeitende haben«. Also Mitarbeitende,
die in der Lage sind, »ihre Dynamiken und die ihrer Kolleg_
innen klar zu sehen und transparent miteinander zu kommunizieren«. Selbstorganisation ist eher ein Kulturmodell und
kein Strukturmodell. Ein beliebtes Missverständnis ist auch,
dass alle Menschen mehr Freiheit wollen und weniger Struktur. Das stimme so nicht, denn manche Menschen ziehen ihre
Sicherheit gerade aus festen Strukturen, und es ist nicht ungewöhnlich, dass bei der Gewährung von mehr Freiraum zehn
bis zwanzig Prozent der Mitarbeiter_innen kündigen, weil es
für sie zu viel Stress auslöst. Auch dass alle mitentscheiden,
hat nichts mit Selbstorganisation zu tun. Selbstorganisation
bedeutet, dass Teams die Kompetenz haben, Aufgaben zu erle-
digen. Oder dass sie erlernen, zusammen herauszufinden, wer
von ihnen die größte Kompetenz für eine bestimmte Aufgabe
hat, und diese Person dann befähigt wird.

Diese entwicklungspsychologische Reife und die darauf
aufbauenden Kompetenzen haben wir in unser »Humanmastanlage« nicht vermittelt bekommen, aber man kann sie
erlernen. Dazu muss man allerdings bereit sein, sich mit sich
selbst zu befassen. Bettina Rollow arbeitet hier mit dem Eis-
bergmodell. Oberhalb der Wasseroberfläche ist unser sichtba-
res Verhalten, aber unter der Oberfläche sind unsere Gedanken und Gefühle, Bedürfnisse und Interessen. Obwohl diese
unsichtbar sind und einem selbst nicht bewusst, sprich, sich

im *Unter*bewusstsein abspielen, beeinflussen sie massiv unser Verhalten und unsere Kommunikation. Nur wenn Individuen und dann auch die einzelnen Teams in der Lage sind, Informationen über und unter der Wasseroberfläche mit einzubeziehen in ihre Arbeit, dann bringt man die entwicklungspsychologische Reife mit. Die gute Nachricht: Man kann das alles lernen, und es gibt viele Coaches, die mit unglaublich vielen tollen Formaten Teams zu mehr Selbstorganisation anleiten können. Eine meiner Lieblingsübungen war die systemische Firmenaufstellung aller *einhörner* auf einer Wiese. In einem definierten Viereck liefen alle *einhörner* wild rum und sollten dort stehen bleiben, wo sie sich am wohlsten fühlten. Es war spannend zu sehen, welche Teamdynamiken zu erkennen waren, aber auch welche Rolle wir als Gründer hatten. Die schlechte Nachricht (wobei, schlecht eigentlich nur für Ungeduldige oder Shareholder): Diese Entwicklung dauert, und manche Erkenntnisse sind so schwerwiegend und stellen vieles zuvor Gelerntes infrage, dass die einzelnen Mitarbeitenden aber auch ganze Teams Zeit brauchen, um diese Veränderungen zu verdauen und an sich zu arbeiten, solche Kulturveränderungen geschehen schließlich nicht über Nacht. Als Unternehmen muss man nicht nur Geld für Coaches investieren, sondern auch genügend Zeit freiräumen für diese Arbeit und gegebenenfalls sogar bestehende Umsatz- oder andere Effizienzziele dafür anpassen. Denn diese Arbeit an sich selbst ist hart, aber über die Jahre zahlt es sich aus, dafür ist *einhorn* der lebende Beweis.

Das zweite Thema, auf das ich eingehen möchte, ist gewaltfreie Kommunikation, kurz GFK. Und wenn wir über Kommunikation sprechen, möchte ich gerne folgendes Zitat von dem Verhaltensforscher Konrad Lorenz mit euch teilen:

»Gedacht ist noch nicht gesagt,
gesagt ist noch nicht gehört,
gehört ist noch nicht verstanden,
verstanden ist noch nicht einverstanden,
einverstanden ist noch nicht getan,
getan ist noch nicht beibehalten.«

Als wir bei *einhorn* alle Strukturen auflösten, mussten wir plötzlich viel mehr miteinander reden. Alle noch so kleinen Entscheidungen wurden ja nicht mehr von einer Person, zum Beispiel uns Firmengründern, getroffen, aber mussten trotzdem irgendwie entschieden werden. Also diskutierten wir. Dabei fiel uns auf, dass wir das gar nicht können. Kommunikation wurde in der Humanmastanlage nämlich auch nicht gelehrt, obwohl man es spätestens in der Grundschule als Hauptfach haben sollte, denn sie bestimmt massiv über Freud und Leid in unserem Leben.

Wer kennt sie nicht, die unendliche Liste von Verletzungen, das Gefühl nach persönlichen Gesprächen mit Kolleg_innen, Partner_innen, Meetings und so weiter, nicht verstanden zu werden. Wie viele Nächte haben wir uns schon um die Ohren geschlagen, weil wir uns darüber den Kopf zerbrochen haben, wie jemand etwas gemeint haben könnte? Wie viele Jobwechsel und Abbrüche von persönlichen und beruflichen Beziehungen haben wir schon alle hinter uns? Eine große Teilschuld liegt hierbei in unserer Unfähigkeit zur Kommunikation. Gewaltfreie Kommunikation, auch wenn der Begriff schrecklich ist und etwas völlig anderes impliziert, als man sich vom Klang her vorstellt, war für uns als Organisation ein elementarer Schlüssel, um Kommunikation zu erlernen, und zugegebenermaßen sind wir bei Weitem noch nicht am Ende angekommen. Auch wenn wir oft glauben, dass in einem Streitgespräch unüberwindbare Positionen gegenüberstehen, so ist man ganz erstaunt, wenn man mithilfe von GFK ein paar Ebenen tiefer taucht. Hinter jeder Position stecken nämlich Gefühle, und hinter jedem Gefühl stecken Bedürfnisse. Auch wenn die Positionen im Streitgespräch oft unüberwindbar scheinen, so können wir uns auf der Ebene der Bedürfnisse sehr wohl verstehen und damit Empathie für das Gegenüber aufbauen. Die Bedürfnisse sind so was wie der kleinste gemeinsame Nenner unter Menschen, und dazu zählt zum Beispiel das Bedürfnis nach Anerkennung, nach Freiheit, nach Spaß, Liebe oder Gerechtigkeit.

GFK ermuntert einen dazu, keine vorwurfsvolle, bewertende Sprache zu benutzen, sondern Beobachtungen zu schildern und zu beschreiben, welche Gefühle dadurch ausgelöst werden. Erläutert man dann noch, auf welchen Bedürfnissen diese Gefühle basieren, kann das Gegenüber viel empathischer werden und Verständnis entwickeln, sodass die Lösung mithilfe einer einfachen Bitte statt Forderung erarbeitet werden kann. Es bedarf allerdings auch bei diesem Thema einer Menge Übung und Geduld, die GFK-Regeln im Eifer des Gefechts einzuhalten, weil ein Vorwurf wie »Du hast aber …!« viel leichter über die Lippen geht.

Konkret wenden wir bei *einhorn* ein monatlich wiederkehrendes GFK-Format an, das ich kurz vorstellen möchte: das *clear the air-Meeting.* Jedes Unternehmen kann man sich wie einen Schnellkochtopf vorstellen. Menschen kommen zusammen, haben unterschiedliche Ziele und Meinungen, bringen unterschiedliche Erfahrungen und persönliches Umfeld mit, da entsteht ganz natürlich Dampf, und Dampf erzeugt in einem geschlossenen Raum Druck. Das ist bis zu einem bestimmten Grad sogar gut und nützlich. Problematisch wird es nur, wenn es kein Ventil gibt, um den Druck ab und zu abzulassen. Irgendwann kann der Topf nämlich dem Druck nicht mehr standhalten, sodass er platzt oder überläuft – in unserem Beispiel kommt es zum Riesenkrach, oder Mitarbeitende kündigen. So ein Ventil ist das clear the air-Meeting. Monatlich sitzen also die *einhörner* um einen Tisch, und unser GFK-Coach Georg Tarne übernimmt in der Regel die Moderation. Zuerst wird mit jedem Teilnehmenden gecheckt, wer vielleicht gerade extrem viel Stress oder Druck hat und deswegen mental nicht richtig anwesend ist oder ob andere Sorgen vorliegen. Danach fragt Georg die Gruppe, wer einen möglichen Konflikt benennen möchte. Dann schreibt man den Namen dieser Person auf ein Flipchart, ergänzt den empfundenen Konfliktgrad mit einer Ziffer zwischen 1 bis 10 und gibt an, ob der Konflikt eine bestimmte Person betrifft oder mehrere. Durch diese Abfragen ergibt sich automatisch ein Ranking, das die Agenda für das Meeting bildet. Die Konflikte, die die höchste Intensität haben und die meisten *einhörner* betreffen, kommen zuerst dran, damit die Probleme auf jeden Fall behandelt werden, die wirklich für Dampf im Kessel sorgen. Jetzt beginnt die erste Person und schildert ihren Konflikt, möglichst ohne Bewertung und Interpretation. Das bedarf etwas Übung, und ein Coach ist deswegen auch so wichtig, weil er oder sie an diese Regeln erinnert. War der Konflikt auf eine bestimmte Person bezogen, so hört diese betroffene Person erst mal nur ausführlich zu. Im zweiten Schritt wiederholt die betroffene Person nur die Beobachtung der ersten Person in ihren eigenen Worten (spiegeln), und die erste Person hört zu. Wenn das Spiegeln erfolgreich war, also die erste Person zufrieden ist, wie sie verstanden wurde, dann erhält die zweite betroffene Person die Möglichkeit, die Sicht der Dinge aus ihrer Beobachtung zu schildern, und die erste Person hört nur zu. Danach spiegelt die erste Person die Ausführungen der zweiten Person. So geht das hin und her, bis sich beide vollends verstanden fühlen. Aus den paar Jahren, in denen wir GFK anwenden, weiß ich, dass zu diesem Zeitpunkt die meisten Konflikte bereits fast gelöst sind. Oft geht es nämlich gar nicht um die einzelnen Fakten, die besprochen werden, sondern um die Art und Weise, wie sie in einer Konfliktsituation besprochen wurden. Hat man sich erst mal ausführlich zugehört und Empathie gezeigt, ist die Lösung meist nur noch ein kleiner Schritt und kann mithilfe einer Bitte formuliert werden. Manchmal sind die Themen aber auch viel komplexer und müssen in einem anderen Format und längerfristiger behandelt werden. Aber für fast alle kleineren Konflikte reicht diese Form des Dampfablassens meistens aus. Trotzdem müssen wir zugeben, dass alle *einhörner* zwar wissen, wie wichtig clear the air-Meetings für uns sind, aber trotzdem ist es meistens sehr mühsam, alle Mitarbeitenden zur Teilnahme zu bewegen. Denn diese Meetings sind meist sehr emotional, manchmal sogar tränenreich, und darauf hat man oft keine Lust, auch wenn das Aufschieben solcher Konflikte auch keine Lösung ist – und obwohl man die Gewissheit hat, dass man sich oftmals im Anschluss doch viel besser fühlt.

Das dritte Thema ist Gehalt. Mir war das vorher nie in dieser Dimension bewusst, aber das Thema Gehalt ist eines der schwierigsten und emotional explosivsten Themen, die es (in Unternehmen) gibt. Solange Gehälter geheim gehalten und nur mit den Vorgesetzten verhandelt werden, hat man zwar oft das doofe Gefühl, nicht genug herausgeholt zu haben, aber man gibt sich irgendwie damit zufrieden. Sobald man aber sagt, wie wir es bei *einhorn* schon 2016 gemacht haben: »So, das ist unser Kontostand, und jetzt überleg mal, wie viel du zum Leben brauchst«, da wird es kompliziert. Gehalt bedeutet nämlich für die meisten auch, eine Zahl zu benennen, wie viel sie und ihre Arbeit wert sind. Diese Auseinandersetzung hat man in der Humanmastanlage nicht. Da achtet man höchstens darauf, dass man nicht weniger zu fressen bekommt als die Hühner rechts und links von einem, im Idealfall ist es etwas mehr. Aber was die eigenen Eier, die man legt, wert sind, und wie viel man dafür bekommen will, das fragt sich dort niemand.

Jetzt kam hinzu, dass wir alle in dem Zeitraum zwischen 2016 und 2018 noch nicht die nötige entwicklungspsychologische Reife mitbrachten, wie oben bereits erwähnt, und ziemlich unerfahren waren mit den GFK-Methoden. So kam es, wie es kommen musste. Wir stritten unerbittlich, mit vielen Tränen und verletzten Gefühlen, um die richtige Gehaltsverteilung, und es wurde schlimmer, je größer der zu verteilende Kuchen wurde. 2016 war kaum Geld auf dem Konto, da konnte niemand groß aus der Reihe tanzen. Als wir erfolgreicher wurden, schwang aber immer öfter die Angst mit, dass sich jemand bereichern könnte, wenn wir keine ganz festen Regeln haben – aber starre Regeln, das klang wiederum so gar nicht nach *einhorn* und schien nicht *unicornique*. Am liebsten wären mir persönlich selbstbestimmte Gehälter gewesen, aber so weit waren wir noch nicht. So tasteten wir uns langsam vorwärts. Zuerst gründeten wir einen Gehaltsrat, der vom ganzen Team gewählt wurde. Dieser Gehaltsrat bestand aus drei Personen und bekam die Aufgabe, ein Gehaltssystem zu erarbeiten, und zwar mit ständiger Rückkopplung von Feedback aus dem Team. Zusätzlich veranstalteten wir Workshops, um uns bewusst zu werden, was Geld für uns bedeutet und wie und warum wir unseren Wert daran messen.

Nach einigen Jahren und viel Schweiß und Tränen sind wir aktuell bei folgendem Modell angekommen, das ständig weiterentwickelt wird, weil ja auch wir und das Unternehmen sich ständig weiterentwickeln: Wir haben zuerst einmal einen Rahmen geschaffen, in dem sich die Gehälter insgesamt bewegen dürfen (wie in UNFUCK Ungleichheit bereits erwähnt, darf das höchste Gehalt maximal drei Mal so hoch sein wie das niedrigste). Von Anfang an waren bei uns alle Gehälter für alle *einhörner* transparent einzusehen, ich bin ein großer Fan von dieser Philosophie, da es insbesondere benachteiligten Frauen hilft, wie wir bereits im Kapitel UNFUCK Ungleichheit erklärt haben. Jedes Jahr gibt es durch die Steigerung der Berufsjahre automatisch eine kleine Gehaltserhöhung. Wir haben ein Stufenmodell, welches sich grob an den Berufsjahren orientiert und einen kleinen Teil der Selbsteinschätzung mit einbezieht. Zusätzlich haben wir letztes Jahr einen Gehaltsspielraum von 700 Euro brutto eingeführt. Diesen Rahmen kann jedes *einhorn*, ohne sich rechtfertigen zu müssen, flexibel nutzen und je nach Lebensumständen nach oben oder unten anpassen und zu seinem Gehalt hinzufügen. Jeden Monat haben wir zudem Termine, die man bei dem Gehaltsrat buchen kann, um über die eigene finanzielle Situation zu sprechen.

Doch die Wahrheit ist die: Es gibt kein perfektes Gehaltssystem für ein Unternehmen. Es ist eine Reise, und vieles ist von den Umständen und der entwicklungspsychologischen Reife des Unternehmens und seiner Mitarbeiter_innen abhängig, aber auch davon, inwiefern das Unternehmen bereit ist, die Früchte der Arbeit zu teilen. Das Totschlagargument, die Firma habe kein Geld, aber dann wird das 52-fache an Vorstände und Millionen an Dividenden an Aktionäre gezahlt, zählt jedenfalls nicht.

Um die in den Kapiteln UNFUCK Ungleichheit, UNFUCK Klima- und Biodiversitätskrise und UNFUCK Politik angesprochenen unfassbar komplexen Herausforderungen zu meistern, brauchen wir arbeitsfähige Organisationen in den Bereichen Gesellschaft, Politik, Bildung und Wirtschaft. Aktuell ist eben diese nötige positive Arbeitskultur, dieser sichere Hafen in den meisten Organisationen nicht gegeben. Somit bleiben wir alle unter unseren Möglichkeiten, und das können wir uns in Anbetracht der großen Herausforderungen nicht leisten. Wenn man als Organisation, egal aus welchem Bereich, ob NGO, Partei oder soziales Start-up, aber auch als ganze Bewegung, heute nicht seine eigene Arbeitskultur und Kommunikation kritisch hinterfragt und aktiv daran arbeitet, wird man seine Ziele kaum erreichen können.

Also lasst uns gemeinsam auch die Arbeit unfucken!

(UN)FUCK CORONA

Die Arbeit im Schlachtereibetrieb liegt nicht jedem. In den riesigen Fleischfabriken werden Schweine und Rinder am Fließband zerlegt. Es ist kalt und laut, die Schichten sind eintönig und lang. Die Bezahlung ist schlecht. Unter dem Logo von lachenden Bauernhoftieren arbeiten deshalb bei Tönnies, dem größten Schlachtbetrieb Deutschlands (und einem der größten weltweit), vor allem Menschen aus Osteuropa daran, dass täglich 850 Tonnen Tiefkühl- und Frischfleisch zerlegt und weiterverarbeitet werden. Insgesamt schlachtet das Unternehmen circa 20,4 Millionen Schweine und 424.000 Rinder weltweit.[106] Lachende Tiere, die auf einem Logo ihre Schwänze zu einem Herz verbinden, und das Geschäftsmodell dahinter, das Zehntausende von ihnen täglich am Fließband schlachtet, beschreibt unser gestörtes Verhältnis zu Tieren wahrscheinlich ganz gut.[107] Aber auch unser Verhältnis zu anderen Menschen ist gestört. Die sogenannten »Billiglöhner« sind in Deutschland seit Jahren unter menschenunwürdigen

---

106 https://www.noz.de/deutschland-welt/wirtschaft/artikel/865190/toennies-schlachtet-20-4-millionen-schweine-weltweit

107 Mal abgesehen davon, dass Massentierhaltung ein Risiko für die öffentliche Gesundheit darstellt, weil sie die Verbreitung von Viren begünstigt, denn je mehr Tiere auf einer kleinen Fläche gehalten werden, desto einfacher verbreiten sich Viren, und die Wahrscheinlichkeit, dass diese auf Menschen überspringen, steigt (siehe Schweinegrippe). Mehr dazu hier: https://www.spektrum.de/news/sars-und-covid-19/1732972

Verhältnissen beschäftigt: extrem lange Arbeitszeiten[108], Akkordarbeit auf engstem Raum, keine Pausen, schlechte Bezahlung sowie schmutzige und enge Sammelunterkünfte, für die den Mitarbeitenden viel zu viel Geld direkt vom Lohn abgezogen wird – wehren tut sich dagegen jedoch niemand, denn ein schlechter Job ist für viele besser als gar keiner. Hinzu kommt, dass immer wieder von Einschüchterungsmethoden gegenüber den Arbeiter_innen berichtet wird. Wenn man sich dann noch überlegt, dass die meisten von ihnen in einem Land sind, das ihnen fremd ist und dessen Sprache sie nicht sprechen, wird deutlich, wie sehr diese Menschen ihren Arbeitgeber_innen ausgeliefert sind. Diese Bedingungen, in denen Menschen-, Arbeits- und Sozialrechte mit Füßen getreten werden, sind so weit auch den meisten Menschen bekannt, die sich für das Thema interessieren. Die Diskussion ums Billigfleisch bricht alle Jahre wieder aus, die schlechten Arbeitsbedingungen sowie die katastrophalen Bedingungen für die Tiere in den fleischverarbeitenden Betrieben sind kein Geheimnis – ändern tut sich jedoch nie etwas. Das Fleisch bleibt billig, die Arbeitsbedingungen schrecklich. Ganz im Sinne der Profitmaximierung hat sich ein ausgeklügeltes System von Subunternehmern etabliert, in dem kaum jemand zur Verantwortung gezogen werden kann. Und die Politik schaut weg, mehr noch, sie unterstützt die Branche: Die schlechten Arbeitsbedingungen sind für viele Kritiker auch deshalb so skandalös, weil die Bundesregierung seit Beginn der 2000er-Jahre die industrielle Intensivtierhaltung in Deutschland sowie den Ex-

---

108 Mitarbeiter_innen berichten u.a. von 200 Stunden Arbeit pro Monat: https://www.sueddeutsche.de/wirtschaft/toennies-corona-rumaenen-covid-1.4943416

port von Fleisch, Milch und lebenden Tieren stark subventioniert.[109] Und weil sich die Unternehmen seit Jahren mit Prüfsiegeln, Auszeichnungen und Nachhaltigkeitsversprechen schmücken. Dass Tönnies auch immer wieder auf den Spenderlisten der CDU auftaucht[110] und dass ausgerechnet Ex-SPD-Chef Sigmar Gabriel zu den Beratern des Unternehmens (während der Corona-Krise!) gehörte, überrascht dann auch kaum noch (vor allem dann nicht, wenn ihr aufmerksam unser Kapitel UNFUCK Politik gelesen habt).

Doch dann kommt eine Pandemie und stellt alles auf den Kopf. Und der Schlachtbetrieb Tönnies ist plötzlich ein hervorragendes Beispiel dafür, wie die Corona-Krise bereits bestehende Missstände verstärkt und in diesem Fall auch ans Tageslicht bringt: Erst als sich mehr als 1.550 Mitarbeitende mit dem COVID-19-Virus infiziert haben, wurden die Arbeitsbedingungen mal genauer unter die Lupe genommen. Und was man sah, schockierte ganz Deutschland. Vier von fünf Mitarbeiter_innen infizierten sich bei der sogenannten »Zerteilung« mit dem Virus.[111] Corona konnte sich dort auch deshalb so leicht verbreiten, weil ein undurchsichtiges System von Fremdfirmen die Pandemiebekämpfung extrem erschwerte. Knapp die Hälfte der Mitarbeitenden arbeitet für Subunternehmer, zum Teil sind die Mitarbeitenden aus Ländern wie Rumänien und Bulgarien nicht einmal in Deutschland gemeldet. Da ver-

---

109 https://www.deutschlandfunk.de/covid-19-ausbrueche-warum-die-arbeits-bedingungen-in.2897.de.html?dram:article_id=476511

110 Insgesamt haben der Konzern und Inhaber Clemens Tönnies der CDU laut der Organisation Abgeordnetenwatch seit 1998 rund 175.000 Euro überwiesen.

111 https://www.spiegel.de/panorama/spiegel-tv-ueber-corona-ausbruch-bei-toennies-lockdown-in-guetersloh-a-8c904d39-4e1d-417f-942d-06fa3386db7a

wundert es auch niemanden, dass es mehrere Tage dauerte, bis Tönnies den Behörden die Adressen seiner Mitarbeitenden lieferte. Dass die Praxis der Werkverträge in der Branche nach all diesen Vorkommnissen nun endlich verboten werden soll, ist nur ein schwacher Trost.

Und natürlich ist Tönnies kein Einzelfall, und natürlich gibt es das Problem der vielen Subunternehmer und menschenunwürdigen Arbeitsbedingungen in vielen Schlachtbetrieben in Deutschland, ja und natürlich auch in anderen Branchen wie dem Versandhandel oder der Gemüseernte. Die Fleischfabrik Tönnies hatte einfach Pech, könnte man lax sagen. Pech, dass gerade bei ihnen Corona ausgebrochen ist und dass deshalb selbst die Leute, die seit Jahren Tür an Tür mit den ausgebeuteten Mitarbeitenden aus Osteuropa leben, jetzt nicht mehr wegschauen können. Und selbst jetzt leiden die betroffenen Mitarbeitenden am meisten: Sie sind nicht nur einem perfiden Rassismus ausgesetzt, der sie aufgrund ihrer Herkunft unter Generalverdacht stellt, und stehen unter Zwangsquarantäne, sondern ob ihre Gehälter währenddessen weitergezahlt werden, steht in den Sternen. Und natürlich trägt der Steuerzahler die Kosten für den Lockdown, der polizeilich durchgesetzt wird.

Die Corona-Krise hat bei uns allen eine Stunde null eingeläutet, als das normale Leben, wie wir es kannten, abrupt endete. Was Corona für uns alle und vor allem unsere Zukunft bedeutet, daran scheiden sich die Geister. Für die einen ist es die heilbringende Chance auf einen echten Neuanfang und für die anderen ein Katalysator dafür, dass unsere Zivilisation dem Untergang geweiht ist. Tatsächlich stellt Corona so etwas wie einen Scheideweg zwischen diesen beiden extrem polarisierenden Optionen dar. Fakt ist, dass Corona und die erlassenen Maßnahmen zur Eindämmung des Virus so eine dramatische Dimension haben, dass nicht nur die Bundeskanzlerin Merkel die Pandemie als die größte Herausforderung seit dem Zweiten Weltkrieg sieht. Eine gewaltige Flutwelle hat unser »Haus« erfasst und alles überschwemmt, und nun beginnen die Aufräumarbeiten: Wir müssen das Haus wieder renovieren und bewohnbar machen. Unklar ist jedoch, wie. Die gute Nachricht ist, wir haben eine Menge Geld für den Wiederaufbau zur Verfügung. Der Bund hat 353,3 Milliarden Euro lockergemacht und stellt noch weitere 819,7 Milliarden Euro in Garantien zur Verfügung. Zum Vergleich: Nach der Finanzkrise 2008 nahm der damalige Bundesfinanzminister »nur« rund 44 Milliarden Euro Schulden auf. Und der Bund, das sind wir alle. Dieses Geld gehört uns allen. Wir haben es mit unseren Steuergeldern erwirtschaftet und wir, allen voran unsere Kinder und Jugendlichen, werden auch die Schulden und die Zinslast in den nächsten Jahrzehnten tragen müssen. Allein schon deswegen sollten wir dringend mitreden, was mit diesem Geld genau geschieht. Wer zahlt, muss auch mitreden dürfen. Jetzt ist die Zeit für innovative Ideen, jetzt ist die Zeit, unsere Wirtschaft zu unfucken! Und deswegen wollen wir euch in diesem Kapitel einige dieser Ideen und Theorien vorstellen, von denen wir glauben, dass sie eine neue Wirtschaft und ein besseres Leben für alle bringen können.

Nehmen wir einfach mal an, wir als Bürger_innen und Steuerzahler_innen würden tatsächlich darüber entscheiden, wie unser aller Geld für den Wiederaufbau des Hauses nach der »Flutwelle« verwendet wird. Wir würden vermutlich erst mal zurückschauen auf vergangene Flutkatastrophen und die Erfolge und Misserfolge der Maßnahmen bewerten, die damals zum Wiederaufbau ergriffen worden sind – denn nur so verstehen wir, was einem langfristigen Aufbau hilft und wie wir zukünftigen Flutkatastrophen vorbeugen können. Zur letzten zählt zweifelsohne die Finanzkrise, und auch da wurde viel von unserem Steuergeld für die Renovierung in die Hand genommen. Die Wirkung der verschiedenen Instrumente, 700 an der Zahl, die in der Weltfinanzkrise 2007/2008 umgesetzt oder vorgeschlagen wurden, haben sich einige Wissenschaftler_innen der Universität Oxford angeschaut. Heraus kam, dass langfristig angelegte Konjunkturpakete, die auch den Klimaschutz fördern, besser für die Wirtschaft sind als solche ohne klimapolitischen Schwerpunkt. Weiterhin schreibt die Universität in ihrer Mitteilung zu dieser Studie, »dass grüne Projekte mehr Arbeitsplätze schaffen, pro ausgegebenem Dollar höhere kurzfristige Renditen bringen und langfristig zu höheren Kostenersparnissen führen als traditionelle Konjunkturpakete«. Am schlechtesten wurden übrigens Rettungsprogramme für Fluglinien bewertet, und zwar sowohl ökonomisch als auch ökologisch. Wir haben das besonders ärgerliche Beispiel Lufthansa im Kapitel UNFUCK Politik vorgestellt: Steuern in Deutschland zahlen? Eher weniger. Neun Milliarden Steuergelder nehmen – ja bitte!

Wenn wir die jetzigen Schäden reparieren und uns gleichzeitig auf kommende Katastrophen vorbereiten wollen, müssen wir Entscheidungen treffen, die diesen Zielen gerecht werden. Die größten Katastrophen, die uns bevorstehen und untrennbar miteinander verbunden sind, sind die Klima- und Biodiversitätskrise und die Krise der sozialen Ungerechtigkeit auf der Welt. Wenn wir jetzt also schon den bisherigen Flutschaden beseitigen und, um bei dieser Analogie zu bleiben, den mit Wasser vollgelaufenen Keller leer pumpen und entrümpeln, dann sollten wir nicht nur die alte Ölheizung entsorgen und eine neue kaufen, sondern stattdessen das ganze Heizungssystem ändern, indem wir Solarzellen auf dem Dach und eine Solarthermie-Wärmepumpe installieren. Das kostet kurzfristig mehr, ist langfristig aber nachhaltiger und günstiger.

Die Corona-Krise zeigte uns auch, dass der politische Willen und die Durchsetzungskraft unserer Demokratie auch gegen die enormen Zugkräfte der Wirtschaft und ihrer Interessen noch da sind. Gerade nach den Fridays-for-Future-Demonstrationen und Forderungen für Klimaschutz im Jahr 2019 und den kaum wahrnehmbaren Handlungen der Politik hatten viele Bürger_innen solche Maßnahmen für nicht mehr möglich gehalten. Nie hätte ich gedacht, dass weltweit Regierungen einen wochen- oder gar monatelangen Lockdown anordnen und somit zum Schutze der Gesundheit ihrer Bürger_innen die gesamte eigene Wirtschaft freiwillig lahmlegen würden, sehenden Auges, wie die Wirtschaft und das BIP schrumpft. Die Regierung ist also bereit, radikale Entscheidungen zu treffen, wenn es darauf ankommt. Das ist für mich die wichtigste Botschaft aus der insgesamt eher traurigen Corona-Erfahrung. Die Politik hat schlussendlich, zwar erst unter steigendem Druck, aber trotzdem Mut bewiesen, und wir alle müssen jetzt dafür sorgen, dass sie nicht wieder in alte Verhaltensmuster zurückfällt.

Und wenn der Wille zur Veränderung da ist, wenn sowieso die Stunde null eingeläutet ist, dann ist die Corona-Krise auch die ideale Gelegenheit, mal ein paar Ideen zu diskutieren, mit deren Hilfe wir die Wirtschaft und insgesamt auch die Gesellschaft unfucken können. Und das wollen wir jetzt hier in diesem Kapitel auch tun.

Demokratie Update – warum Bürger_innenräte gut für die Demokratie sind

Den rückwärtsgerichteten alten Wirtschaftsmächten, die das feste Ziel verfolgen, ihren Profit für die Aktionäre zu optimieren, wurden kurzzeitig die Zügel aus der Hand gerissen, und wir müssen nun die einzigartige Situation nutzen, damit die Zügel wieder in die Hände der Bürger_innen und ihrer gewählten Vertreter_innen kommen. Denn da gehören sie hin. Das nennt sich Demokratie. Und mit dieser sind laut einer Studie aus 2019 der Friedrich-Ebert-Stiftung über 50 Prozent der Deutschen unzufrieden. Insbesondere die sozial schlechter Gestellten in Deutschland fühlen sich – zu Recht – überhaupt nicht abgeholt. Claudine Nierth, Vorstandssprecherin des Vereins *Mehr Demokratie e.V.* und Trägerin des Bundesverdienstkreuzes, ist der festen Überzeugung, dass jede Partei, die erfolgreich sein will, künftig die Meinung der Bürger_innen stärker einbeziehen muss. Tatsächlich brauchen wir dringend neue Krafträume der Demokratie und Volksbegehren auf Bundesebene; außerdem könnten per Losverfahren ermittelte Bürger_innenräte eine Lösung sein.

Wie das aussehen könnte, haben Claudine Nierth und Roman Huber gemeinsam mit ihrem Verein *Mehr Demokra-*

tie e.V. einfach mal in Leipzig ausprobiert[112] – ein Projekt, das übrigens vom ehemaligen Innen- und Bundesfinanzminister sowie Präsidenten des deutschen Bundestages Wolfgang Schäuble explizit empfohlen wurde. An zwei Wochenenden im September 2019 diskutierten 163 zufällig ausgewählte Teilnehmer_innen aus ganz Deutschland leidenschaftlich eine Fragestellung aus dem aktuellen Koalitionsvertrag, die wie folgt lautete: »Wie können wir unsere bewährte parlamentarisch-repräsentative Demokratie durch weitere Elemente der Bürgerbeteiligung und direkter Demokratie ergänzen und zudem demokratische Prozesse stärken?« Wichtig ist zu erwähnen, dass diese 163 Menschen zwar ausgelost wurden, dabei wurde jedoch darauf geachtet, einen repräsentativen Querschnitt Deutschlands abzubilden. So waren Frauen und Männer zu etwa gleichen Teilen vertreten, und 1 Prozent der Beteiligten waren nicht-binär. Die Altersgruppen waren einigermaßen fair verteilt, verschiedene Bildungsstufen sowie verschiedene Ortsgrößen waren berücksichtigt, und 22 Prozent der Teilnehmer_innen hatten einen Migrationshintergrund. Sicherlich noch nicht alles perfekt, aber allemal diverser als unser jetziges Parlament.

Als mir Claudine Nierth zum ersten Mal von den zwei Wochenenden berichtete, leuchteten ihre Augen. Sie selbst war sich zuvor unsicher, ob dabei brauchbare Ergebnisse herauskommen könnten, da die Teilnehmer_innen so unterschiedlich waren und unterschiedliches Vorwissen mitbrachten. Aber durch eine gute Moderation und viele Ex-

---

112 https://www.mehr-demokratie.de/fileadmin/pdf/Buergerrat/2019-11-07_Bu__rgergutachten_Web.pdf

pert_innen[113], die den Teilnehmer_innen zur Seite standen, um mögliche Wissenslücken zu füllen, entstanden durch leidenschaftliche Diskussionen tatsächlich viele Empfehlungen mit breitem Konsens, obwohl die Teilnehmer_innen zum Teil in sehr verschiedenen Lebensphasen steckten und völlig unterschiedliche Berufe ausübten – so trafen zum Beispiel Schüler_innen auf Rentner_innen. Es herrschte generell ein hohes Verantwortungsgefühl unter den Teilnehmer_innen, weil sie ja stellvertretend für alle anderen handelten, denen das Losglück nicht zugefallen war. Das Gemeinwohl stand im Vordergrund, obwohl Vertreter vieler verschiedener politischer Orientierungen am Tisch saßen. Auch die Angst, dass Menschen mit extremen politischen Positionen das Ruder übernehmen könnten, erwies sich als unberechtigt, da die Auswahl der Kommunikationswerkzeuge, wie beispielsweise das dialogische Verfahren, der Polarisierung entgegenwirkte und typischerweise auf eine Konsensorientierung abzielte.[114] Fast alle Teilnehmenden hatten vor diesem Projekt nie etwas mit Politik zu tun gehabt, aber viele nahmen sich vor, nach diesem selbstwirksamen und positiven Erlebnis engagiert zu bleiben. Um nur einige »Beschlüsse« zu nennen: 155 der Teilnehmenden stimmten

---

113 Bei dem Bürger_innenrat haben, laut Claudine Nierth, die Durchführungsinstitute in Abstimmung mit dem wissenschaftlichen Beirat die Experten ausgewählt: »Die Auswahl der Experten (Charisma, verständliche Sprache, eindeutige Position et cetera) ist tatsächlich noch ein weiter zu entwickelnder Punkt. Der Klimarat in Frankreich hatte beispielsweise eine wissenschaftliche WhatsApp-Gruppe mit Wissenschaftlern der Sorbonne, wo die Teilnehmer am Tisch ihre Fragen eintippen konnten und sofort Antwort bekamen.«

114 Dialogische Beteiligungsverfahren geben Beteiligten die Möglichkeit wahrzunehmen, dass es für andere Meinungen als die eigenen auch gute Gründe geben kann. Das räumt Konfliktpunkte nicht aus, ist aber eine sehr gute Grundlage für konsensfähige Empfehlungen.

danach der Aussage zu, dass unsere bewährte parlamentarisch-repräsentative Demokratie durch die Kombination von Bürgerbeteiligung und direkter Demokratie ergänzt werden soll, nur vier stimmten dagegen. 156, bei einer Gegenstimme, votierten dafür, dass eine staatliche Finanzierung von Bürgerbeteiligung und direkter Demokratie gewährleistet sein muss. Eine große Mehrheit stimmte zu, dass die Regierung sich zu Empfehlungen der Bürgerbeteiligung verpflichtend äußern muss (155 bei 2 Gegenstimmen) sowie für eine Intensivierung der politischen Bildung, insbesondere zur demokratischen Teilhabe (155 bei 5 Gegenstimmen). Ebenfalls eine Mehrheit stimmte für ein Vetorecht durch Volksentscheide im Gesetzgebungsprozess auf Bundesebene (133 bei 24 Gegenstimmen), also auch für die Schaffung von mehr Transparenz durch ein Lobby-Register auf Bundesebene (154 bei 4 Gegenstimmen). Leider waren die Ergebnisse nicht rechtlich bindend, da es nur ein Experiment war, aber es könnte die Zukunft sein, so wie es in anderen Ländern schon der Fall ist.

Geloste Bürger_innenräte könnten die Kluft zwischen Politik und Bürger_innen verkleinern und gleichzeitig der Politik den Rücken stärken, wenn sie unpopuläre Entscheidungen gegen mächtige Lobbyinteressen treffen muss. Gleichzeitig tragen sie dazu bei, die teils toxische Gesprächskultur in unserer Gesellschaft auf eine konstruktive, sachliche Ebene zu bringen, und ermöglichen einen Dialog in sicheren Räumen. Ein wunderbares Beispiel stammt aus einem der katholischsten und konservativsten Länder Europas: Irland[115]. Hier wurden

---

115 Die ganze Geschichte: https://sz-magazin.sueddeutsche.de/politik/ich-und-der-ganz-andere-86573

durch geloste Bürgerversammlungen so explosive Themen wie »Ehe für alle« und das neue Abtreibungsrecht für Volksabstimmungen vorbereitet. Besonders hoffnungsvoll ist die Geschichte zweier Teilnehmer an dieser Bürgerversammlung. Auf der einen Seite steht der homophobe Finbarr O'Brien, ein Briefträger und ehemaliger LKW-Fahrer, die irische Version eines Wutbürgers und eines alten weißen Mannes. Politiker_innen verband er mit Ekel und Hass, Finbarr konnte ihre ganze Art und Weise nicht ausstehen, vor allem wie wichtig sie sich seiner Ansicht nach nahmen. Lebte er in den USA, hätte er vermutlich Trump gewählt und in Deutschland vielleicht die AfD. In der gegenüberliegenden Ecke haben wir den damals 26-jährigen schwulen Chris Lyons, der mit Piercings und regenbogenfarben lackierten Fingernägeln durchs Leben schreitet. Beide saßen in der gemeinsamen repräsentativen Bürgerversammlung mit 64 weiteren zufällig ausgewählten Iren sowie 33 Politiker_innen und sollten sich ein Jahr lang jeweils ein Wochenende im Monat in Dublin treffen, um über die Verfassung zu sprechen. Beim ersten Treffen der beiden möchte Finbarr Chris am liebsten aus dem Fenster werfen, und Chris sieht in Finbarr sein Feindbild eines alten Mannes mit konservativen Werten bestätigt, gegen das er schon sein ganzes Leben lang hat kämpfen müssen. Durch die Begegnung der beiden passiert aber etwas Magisches. Beim Bierchen im Pub oder beim Mittagessen bemerken sie auf einmal, dass sie weit mehr gemeinsam haben, als sie dachten. Sie werden Freunde. An einem Samstagmorgen im April 2013 ist es dann so weit, und die Bürgerversammlung debattiert über die »Ehe für alle«. Pros und Contras werden von Expert_innen vorgetragen, und als ein Kirchenvertreter das Argument vorbringt, die göttliche Ordnung habe Frau und Mann erschaffen und daran solle man nicht rütteln, platzt Finbarr der Kragen. Er nimmt all seinen Mut zusammen und kritisiert die Ignoranz der Menschen. Sie wären einfach unwissend, so wäre es ihm schließlich auch gegangen. Danach stimmen 79 Prozent der Bürger_innenversammlung für den für Irland geradezu revolutionären Vorschlag, und das Parlament folgte der Empfehlung. Es setzte ein Referendum an, weil in Irland eine Verfassungsänderung nicht ohne Volksabstimmung zu machen ist. Die Bürger_innenversammlung mit Finbarr und Chris gaben der Bevölkerung eine Empfehlung, und am 22.5.2015 wurde entschieden. 62 Prozent der Iren stimmten dafür. Auch in Frankreich wurde erst kürzlich ein Klima-Bürgerrat einberufen, um Empfehlungen abzugeben, auf die der Präsident Macron versprach zu reagieren.[116]

Persönliche Begegnungen von Menschen, die gemeinsam unter Anleitung von Kommunikationsprofis für eine bessere Zukunft streiten und diskutieren sowie von unabhängigen Expert_innen »aufgeschlaut« werden, um besser mitreden zu können, könnten der Politik dabei helfen, die richtigen Akzente für den Wiederaufbau nach Corona zu setzen. Warum lässt man nicht einen gelosten Bürger_innenrat darüber entscheiden oder zumindest eine Empfehlung dazu vorlegen, ob man die Lufthansa mit 9 Milliarden Euro Steuergeldern retten soll und wenn ja, unter welchen Bedingungen? Und warum überhaupt die Lufthansa und nicht die Veranstaltungsindustrie oder Hotel- und Gaststättenbereich, die weit mehr Arbeitsplätze vorweisen können?

---

116 https://www.mehr-demokratie.de/news/voll/frankreich-buergerrat-beschliesst-empfehlungen/

Warum lässt man einen Bürger_innenrat nicht darüber beratschlagen, ob tatsächlich eine Mehrwertsteuersenkung von 19 auf 16 Prozent für ein paar Monate der richtige Weg ist? Die Verbraucher_innen sparen bei einem Liter Hafermilch für 1,99 Euro gerade mal 6 Cents – aber für uns Unternehmer_innen bedeutet diese kurzfristige Anpassung, die Ende des Jahres wieder umgestellt werden muss, mehr Stress und Kosten als Vorteile. Bei einer Bürgerversammlung wären diese Punkte vielleicht bedacht worden, und selbst wenn sie die Maßnahme bestätigt hätten: Dann wüsste die Politik um den Rückhalt für diese Maßnahme aus der breiten Masse des Volkes!

Ich glaube, viele Deutsche hätten so mehr Vertrauen in die Entscheidungen darüber, wie unsere Steuern verteilt werden, als sie aktuell bei den völlig intransparenten Prozessen der Vergabe haben, mit allen exklusiven (Auto-)Gipfeln, Wumms und Bazookas, die dazugehören.

Neben Bürgerräten ist auch das Volksbegehren ein spannendes Element der direkten Demokratie. Im Gegensatz zu Bürger_innenräten, wo in der Regel die Politik die Themen und Fragen für den Bürgerrat zur Diskussion vorgibt (wie auch im Beispiel in Leipzig oder Irland geschehen), können Bürger_innen beim Volksbegehren selbst Themen und Gesetze vorgeben. Auf Landesebene ist dies in Deutschland schon möglich, wenn auch mit sehr hoch angesetzten Hürden verbunden. Das Volksbegehren in Bayern zur Rettung der Bienen ist sicherlich ein gutes Beispiel, immerhin führte es zur Änderung des Naturschutzgesetzes in Bayern. Hätte der Freistaat Bayern das Volksbegehren abgelehnt, wäre es zu einem Volksentscheid gekommen – bei positivem Ausgang wäre es verpflichtend gewesen, dieses Gesetz zu ändern. Diesem Schritt kam Bayern zuvor und änderte das Gesetz freiwillig aufgrund der unglaublichen Unterstützung aus dem Volk. Das Problem ist allerdings, und deswegen brauchen wir dringend ein Update unserer Demokratie, dass Volksbegehren auf Bundesebene nicht erlaubt sind beziehungsweise nur für den einen Fall, dass man ein neues Bundesland gründen will. Will man als Bürger_in zum Beispiel mitreden, wie die Milliardenhilfen aus dem Bund verwendet werden, dann wäre ein Volksbegehren nicht möglich. Wenn wir künftig mitentscheiden wollen, ob zum Beispiel eine Fluglinie von unserem Steuergeld gerettet wird und unter welchen Bedingungen, dann muss ein Volksbegehren auf Bundesebene rechtlich ermöglicht werden. Momentan haben wir als Bürger_innen nämlich keine Möglichkeit der für die Politik bindenden Einflussnahme. Uns bleibt nur die nächste Wahl. Aber gerade bei unvorhersehbaren Ereignissen (wie beispielsweise einer Pandemie) ist es doch recht komisch, dass wir als Bürger_innen nicht aktiv mitreden dürfen. Schließlich steht gerade die ganze Welt Kopf.

Jetzt wäre auch die Chance für die Politik, die Rahmenbedingungen für einen fairen Wettbewerb abzustecken. Dänemark zum Beispiel gewährt keine Hilfen an Unternehmen, die ihren Sitz in Steueroasen haben. Wieso nicht sogar einen Schritt weiter gehen und Unternehmen von Hilfen und Konjunkturpaketen ausschließen, die unserem Planeten oder den Menschen in den Lieferketten oder auch den Konsumenten schaden? Das wäre nur konsequent, denn sonst werden diese Firmen mit den Finanzhilfen früher oder später wieder schwarze Zahlen schreiben. Es passiert das, was immer passiert: Die Verluste werden auf die Gemeinschaft abgewälzt, die Gewinne privatisiert. So geschehen mit den Banken, die wir mit unserem Steuergeld nach der Finanzkrise gerettet haben und die bis kurz vor Corona wieder exorbitante Boni auszahlten.

Für die Zeit nach Corona sollten wir uns mehr Begegnungen und mehr Mitsprache vornehmen, und zwar in allen Bereichen. Sei es als Bürger_innen oder auch als Mitarbeiter_innen. Wir müssen uns aufeinander zubewegen. Wir müssen die vermeintlich Abgehängten wieder an den Tisch holen und uns alle weiterbilden. Zuallererst bei der Fähigkeit, wie wir kommunizieren, und erst in einem nächsten Schritt über den Inhalt. Die sogenannte Elite muss von ihrem Ross absteigen und die Früchte unserer Arbeit besser verteilen, denn auch ihnen bringt ihr Reichtum nichts, wenn soziale Unruhen oder sogar Bürgerkriege ausbrechen. Bürgerkrieg, übertreibt er da jetzt nich ein bisschen, fragt ihr euch? Die klügsten (und reichsten) Köpfe im Silicon Valley scheinen zumindest so etwas in der Art zu befürchten, denn wie sonst kann man sich die vermehrten Käufe von Grundstücken und Immobilien in entlegenen Gegenden Neuseelands durch reiche Amerikaner erklären? Besonders gefragt sind übrigens Luxusbunker, die mindestens 3 Meter unter der Erde versenkt werden.[117] Nick Hanauer, ein US-amerikanischer Selfmade-Milliardär, warnte bereits 2014 in einem eindrücklichen TED Talk[118] seine Milliardärskolleg_innen mit dem Titel: »Beware fellow plutocrats,

---

117 https://www.bloomberg.com/features/2018-rich-new-zealand-doomsday-preppers/

118 TED ist eine non-profit-Organisation, die Konferenzen und Talks (bis zu 18 Minuten) zu vielfältigen Themen in mehr als 100 Sprachen organisiert: https://www.ted.com

the pitchforks are coming« (auf Deutsch in etwa: »Achtung, liebe Plutokratenkollegen, sie kommen mit Mistgabeln!«). Letztendlich, so Hanauer, ist sein großes Vermögen die Konsequenz von spektakulärem ... Glück. Es sei reines Glück, wo er geboren wurde. Glückliche Umstände, zur rechten Zeit am rechten Ort zu sein, spielten in seiner Karriere immer eine große Rolle, schon allein deswegen müsse man sich nichts darauf einbilden. Wäre man woanders geboren worden, würde man vielleicht barfuß am Straßenrand Früchte verkaufen. Nick Hanauer macht sich große Sorgen, was passiert, wenn die Schere zwischen Arm und Reich weiter auseinandergeht. Er glaubt, dass wir dann Zustände wie während der Französischen Revolution erleben, seine Mahnung ist ein Weckruf an seinesgleichen. Wenn die Milliardäre und Plutokraten nicht aufwachen und gegen die enorme Ungleichheit ins Feld ziehen, werden die Mistgabeln zuallererst gegen sie gerichtet. Wo eine Gesellschaft zu weit auseinanderdriftet, entstehen Aufstände und Polizeistaaten. Er fordert ein Ende des sogenannten Trickle-down-Mythos[119] und einen gerechten Mindestlohn von 15 Dollar pro Stunde (im Bundesstaat Washington ist es ihm bereits gelungen), der etwa doppelt so hoch ist wie der aktuelle Mindestlohn in den USA.

Und ja, wir sind nun mal alle Teil eines großen Ganzen. Kein Unternehmen kann ohne Mitarbeiter_innen existieren und auch nicht ohne Kund_innen. Und Mitarbeiter_innen, die zu wenig verdienen, können auch nicht zu Kund_innen wer-

---

119 Der Trickle-down-Mythos bezeichnet den Glauben, dass Wirtschaftswachstum und allgemeiner Wohlstand der Reichen nach und nach durch deren Konsum und Investitionen in die unteren Schichten der Gesellschaft durchsickern würden (*Trickle-down-Effekt*).

den. Kein demokratischer Staat kann lebensfähig bleiben, ohne die aktive Teilhabe der Bürger_innen und ihre Steuergelder, die man zur Finanzierung nötiger Infrastruktur oder des Gesundheitswesens braucht. Bürger_innen und Mitarbeiter_innen müssen mutiger und selbstbewusster werden, und Unternehmen und vor allem Konzerne demütiger und verantwortungsbewusster. Selbstbewusster, weil selbst die Arbeit der innovativsten Unternehmen wie Apple auf Grundlagenforschung beruht, die mit öffentlichen Geldern finanziert wurde – also Steuern. Was wäre das iPhone ohne Internet, GPS, Touchscreen und ähnliche Tools? Auf alle diese Technologien kann Apple kostenlos zurückgreifen, aber die Gewinne werden nicht mit der Allgemeinheit geteilt. Ganz im Gegenteil, man versucht sich dem sogar (legal) zu entziehen. »Bei den meisten radikalen Erneuerungen«, so schreibt die Ökonomin Mariana Mazzucato in ihrem Buch *Das Kapital des Staates*, »die den Kapitalismus vorangetrieben haben, wie die Eisenbahn, Atomkraft, Raumfahrt, Computer, Internet, Pharmaforschung, Nanotechnologie usw., kamen die frühesten, mutigsten, kapitalintensivsten unternehmerischen Investitionen vom Staat.« Also können wir alle verdammt noch mal selbstbewusster sein und unser Stück vom Kuchen durch ein angepasstes Steuerrecht und vor allem mehr Mitsprache einfordern. Wenn die Automatisierung und Robotisierung voranschreitet, liegt es auch daran, dass wir diese Prozesse durch unsere Steuern in der Forschung an Universitäten mitfinanziert haben. Aber dann sollten auch wir die Früchte davon ernten. Wir werden durch die Automatisierung vermutlich immer weniger arbeiten müssen bzw. unsere Arbeit teilweise ganz verlieren, und wir könnten das existenzielle Problem der drohenden Arbeitslosigkeit lösen, indem wir beispielsweise 10 Prozent der Gewinne von Unternehmen mit hohem Automatisierungsgrad in einen Fond zahlen, welcher wiederum eine Art bedingungsloses Grundeinkommen finanziert.

Die Politik muss für alle diese Ideen Rahmenbedingungen schaffen und wie besprochen zum Beispiel Bürger_innenräte als festen Bestandteil ihrer politischen Prozesse einführen.

Die Unternehmer_innen-Version vom hippokratischen Eid

Die Unternehmer_innen wiederum müssen sich klar distanzieren von einer Wirtschaftswelt, die auf Ausbeutung von Mensch und Natur beruht und auf unbegrenztes Wachstum setzt. Wir müssen uns ein für alle Mal von diesem Märchen verabschieden, dass unbegrenztes Wachstum auf einem begrenzten Planeten möglich ist. Ist es einfach nicht! Und wenn wir noch mehr Jahre verplempern, um zu beweisen, dass es vielleicht doch irgendwie möglich ist, verspielen wir mit unserer Sturheit und Ignoranz irreversibel die Zukunft unserer Kinder. Darüber hinaus hat uns die Corona-Krise nochmals mit Nachdruck gezeigt, wie wenig gerecht die derzeitige Wirtschaftsordnung ist. Der reichste Mann der Welt, Amazon-Chef Jeff Bezos, ist laut Forbes-Ranking 2020 über 131 Mrd. Dollar schwer, und die Corona-Krise hat sein Vermögen sogar noch schneller wachsen lassen als bei jeder anderen Person, die auf dieser Liste geführt wird. Währenddessen sind mehr als 40 Millionen amerikanische Bürger_innen (Stand 28.05.2020) arbeitslos geworden und haben damit meistens auch ihre Krankenversicherung verloren.[120] Besonders grotesk war diese Ungerechtigkeit auch am Beispiel BMW zu sehen. Gleich zu Beginn der Corona-Krise wurde Kurzarbeit für 30.000 Mitarbeiter_innen beantragt, darüber hinaus wurden Finanzhilfen vom Staat in Form einer Abwrackprämie gefordert, aber dennoch wurden 1,65 Milliarden Dividende ausgezahlt, ein Großteil an die Großeigentümerfamilien Quandt und Klatten. Mit Verantwortungseigentum anstelle von Vermögenseigentum würde die Situation vermutlich anders aussehen. Und vom Corona-Skandal um den Schlachtereibetrieb Tönnies haben wir ja schon am Anfang des Kapitels berichtet. Riesige Gehaltsunterschiede, dramatisch unterbezahlte Branchen, zu wenig Bewusstsein für Verantwortung und Nachhaltigkeit bei Unternehmern – das sind alles keine neuen Phänomene, aber im Zuge der Corona-Krise sind viele dieser Vorgehensweisen und Strukturen besonders schwer zu verdauen.

Prinzipien wie Eigentum verpflichtet, umgesetzt durch ehrbare Kaufleute, müssen wieder im Vordergrund stehen. Warum sollen wir nicht auch einen hippokratischen Eid für Unternehmer_innen einführen, wie ihn etwa Ärzte ablegen? So heißt es in einer überarbeiteten Version für Ärzte im Genfer Gelöbnis: »Ich werde die Autonomie und die Würde meiner Patientin oder meines Patienten respektieren. Ich werde mein medizinisches Wissen zum Wohle der Patientin oder des Patienten und zur Verbesserung der Gesundheitsversorgung teilen.« Diese Formel übertragen auf den unternehme-

---

120 https://www.theguardian.com/business/2020/may/28/jobless-america-un-employment-coronavirus-in-figures

rischen Eid könnte dann in etwa lauten: »Ich werde die Autonomie und Würde aller Menschen in meiner Lieferkette respektieren und trage mit meinem Handeln Verantwortung für das eigene Unternehmen, den Zusammenhalt in der Gesellschaft und den Schutz unserer Lebensräume.« Man könnte natürlich auch noch ergänzen: »Wir werden nicht 1,65 Milliarden Euro Dividende auszahlen, das meiste davon an Großeigentümerfamilien wie die Quandts und Klattens, und gleichzeitig für 30.000 Mitarbeiter_innen Kurzarbeit beantragen und eine Abwrackprämie fordern...« Aber das ist nur so eine verrückte Idee von uns.

Die Welt als Donut

Schon Platon wusste, dass Geschichtenerzähler_innen die Welt regieren. Also wenn nun die Mär vom unbegrenzten Wachstum und Shareholder Value ausgedient hat, welche Geschichte könnte eine würdige Nachfolgerin sein?

Vielleicht die Geschichte von Kate Raworth und ihrem Donut. Raworth studierte Ökonomie an der Universität Oxford und arbeitete zwei Jahrzehnte für die Vereinten Nationen und Oxfam. Auch ihr fiel auf, dass das Narrativ vom stetigen Wachstum offensichtlich aus der heutigen Zeit gefallen ist. Denn Wachstum ist nur eine, wenn auch wichtige Phase des Lebens. Kinder wachsen und sind irgendwann erund entwachsen, und dasselbe gilt für Tiere und Pflanzen. Wenn etwas ewig wächst, kann man es mit einem malignen Tumor vergleichen. Kate Raworth fragte sich: »Wie schaffen wir also die Transformation von einer Wirtschaft, die wächst – unabhängig davon, ob es uns gut geht –, zu einer

Wirtschaft, in der es uns gut geht, unabhängig davon, ob sie wächst?«[121]

Und wie erklärt man das Ganze so, dass Menschen es auch intuitiv verstehen? Ihre Lösung ist das Donut-Modell. Ja genau, dieses runde süße Gebäck. Man stelle sich die Wirtschaft als Donut vor. Die Außenschicht des Donuts sind die planetaren, ökologischen Grenzen, die wir nicht überschreiten dürfen. Dazu zählen zum Beispiel der Klimawandel, der Biodiversitätsverlust, die Versauerung der Ozeane, Luftverschmutzung, Landnutzung, Trinkwassernutzung, (chemische) Umweltverschmutzung, Ozonlochausweitung und so weiter.

Der innere Kreis – quasi die untere Grenze – des Donuts stellt das soziale Fundament dar und orientiert sich an den 17 Zielen zur nachhaltigen Entwicklung von den Vereinten Nationen aus dem Jahr 2015. Darunter fallen beispielsweise Zugang zu Wasser und Nahrung, Wohnraum und Gesundheit, aber auch politische Teilhabe, Bildung, Arbeit und Geschlechtergerechtigkeit. Menschen in Lebensverhältnissen, bei denen diese basalen Bedürfnisse nicht erfüllt sind, befinden sich in der Mitte, im Loch des Donuts. In der Zukunft sollen alle Menschen »auf dem Donut« leben, also auf dem Teigring, dem sicheren Raum zwischen Armut und übermäßigem Konsum. Die Wahrheit ist jedoch aktuell noch, dass wohlhabende Länder zwar die Vorgaben bezüglich sozialer Absicherung erfüllen, dafür aber die äußere Grenze des Donuts strapazieren. Ärmere Länder hingegen überschreiten die äußere Grenze nicht, dafür aber oft die innere und besitzen kaum Absicherung. Das Ziel muss sein, dass wir alle Menschen auf der Welt aus dem Loch in der Mitte des Donuts rausholen,

---

121 https://www.forbes.at/artikel/die-donut-oekonomie.html

wo es offensichtlich an vielem mangelt, und gleichzeitig dafür sorgen, dass wir nicht über die süße, glasierte Außenhaut des Donuts rausschießen. Dazu braucht es einen Wandel zu einer regenerativen und ökologischen Wirtschaft, der mit einem Paradigmenwechsel beginnt: Wie eingangs bereits erwähnt, darf das BIP nicht mehr das einzige Maß für den Erfolg einer Wirtschaft sein, und das Ziel ist nicht, unendlich, sondern ausgewogen zu wachsen. Außerdem muss der Zweck von Unternehmen neu definiert werden. Statt Profit muss die Verantwortung, einen positiven Beitrag zur lebenden Welt zu leisten, als neuer Unternehmenszweck verankert werden. Natürlich müssen Unternehmen auch profitabel sein, aber Gewinne sollten als Mittel zum Zweck und nicht als Selbstzweck definiert werden. Und genau diese neue Generation von Unternehmen mit neuen Leitbildern sollte vom Finanzsektor unterstützt werden. Zum Beispiel durch öffentliche Investitionsbanken, um ihre Wettbewerbsfähigkeit zu erhöhen. Auch ein Umdenken hin zur Besteuerung von Ressourcen statt der vorherrschenden Besteuerung von Arbeit hält Kate Raworth für ein gutes Instrument.

Die Stadt Amsterdam hat sich entschlossen, für den Neustart nach Corona neue Wege zu wagen, und als erste Stadt überhaupt das Donut-Modell adaptiert. Und dabei ist das Hauptziel nicht Wirtschaftswachstum, sondern die Stadt zu einem besseren Ort für ihre Bewohner und die Umwelt zu machen. Mithilfe von Kate Raworth und ihrem Modell hat die Stadt analysiert, wo basale Bedürfnisse nicht erfüllt, sondern im Gegenteil die planetaren – in diesem Fall urbanen – Außengrenzen überschritten werden. Die Stadt will beispielsweise ihren Bürger_innen soziale Standards wie bezahlbaren

Wohnraum ermöglichen (ganze 20 Prozent der Bevölkerung in Amsterdam können nach Abzug der Miete ihre Grundbedürfnisse nicht mehr bedienen). Gleichzeitig soll der nötige Wohnungsbau möglichst wenig Emissionen ausstoßen, weshalb nachhaltige Alternativen geprüft werden. Aber auch Elemente, auf die die Stadt keinen direkten Einfluss hat, sollen unter die Lupe genommen werden. So ist der Amsterdamer Hafen der größte Importeur von Kakaobohnen, vor allem aus Westafrika – genau dieser Kakao steht aber sehr oft in Verbindung mit Ausbeutung von Arbeitskräften und Kinderarbeit. Dass Amsterdam mithilfe des Donut-Modells selbst die Bedingungen für Menschen in weit entfernten Ländern in der eigenen Stadtpolitik berücksichtigt, kann als ziemlich revolutionär angesehen werden. Hoffen wir, dass der niederländischen Hauptstadt die Umsetzung gelingt. Und wenn Amsterdam das kann, warum kann München, Berlin oder Köln nicht auch mal einen Biss in den Donut riskieren?

Langsam neigt sich dieses Buch dem Ende zu, und ich bin mir unsicher, ob ich alle wichtigen Argumente und Informationen in allen Kapiteln untergebracht habe. Ich weiß, dass meine privilegierte Perspektive als *weißer* Mann im »Happyland« des globalen Nordens automatisch viele andere Perspektiven ausblendet. Ich weiß auch, dass ganz viele Bereiche nur teilweise oder gar nicht abgedeckt wurden und ganze Themenbereiche fehlen, wie zum Beispiel ein Kapitel zu UNFUCK Bildung, das ich zu gerne mit den revolutionären Ideen von Margret Rasfeld wie beispielsweise dem »Frei Day«[122] gefüllt

---

122 Am FREI DAY stellt das Leben die Fragen. Schüler_innen sind selbst gewählten Herausforderungen auf der Spur, entwickeln konkrete Lösungen

hätte. Das Kapitel UNFUCK Ungleichheit hätte noch größer ausfallen müssen, um den strukturellen und institutionellen Rassismus voll erfassen zu können und gleichzeitig einen Ausweg mit den Lösungsansätzen von wichtigen Stimmen wie Tupoka Ogette aufzuzeigen. Macht und Potenzial von Sprache in diesem Kontext, wie sie Kübra Gümüşay in ihrem Buch *Sprache und Sein* beschreibt, gehört ebenfalls in dieses Kapitel. Eigentlich wollte ich auch ausführlich alle Maßnahmen für einen *social green new deal* skizzieren, wie sie in den Büchern von DIEM25[123], dem Jugendrat der Generationenstiftung in *Ihr habt keinen Plan, deswegen machen wir einen*, von Naomi Klein in *Warum nur ein Green New Deal unseren Planeten retten kann*, von Maja Göpel mit *Unsere Welt neu denken* gefordert werden (oder in den vielen konkreten Maßnahmen von Fridays for Future, Scientists for Future und Entrepreneurs for Future). Ich wollte ausführlich auf regenerative Landwirtschaft eingehen, weil hier ein ganz besonderer Schlüssel zur Bewältigung der Klima- und Biodiversitätskrise liegt, und hatte dazu auch schon Interviews mit visionären Bauern wie Benedikt Bösel geführt. Passend dazu wäre auch eine intensive Auseinandersetzung mit dem Localization-Konzept von Helena Norberg-Hodge[124] gewesen. Eigentlich wollte ich der neuen Generation von Gründer_innen Mut machen und dafür beispielsweise Gründungsideen anhand der vorgeschlagenen Projekte aus dem Buch *Drawdown – der Plan* von Paul Hawken diskutieren.

---

und setzen die Projekte direkt in Gemeinde oder Stadtteil um: https://www.frei-day.org

123 https://report.gndforeurope.com/edition-de/

124 Norberg-Hodge fordert den Fokus auf lokale, dezentralisierte und menschliche Wirtschaftssysteme: https://www.localfutures.org/wp-content/uploads/Localization-Booklet-download.pdf

Falls ihr die Zeit findet, kann ich euch sehr ans Herz legen, mal einen Blick in die oben genannten Bücher zu werfen.

Ich weiß aber auch, dass die reine Aufzählung aller Fakten noch lange nicht bedeutet, dass sich irgendetwas verändert in unserer Welt, denn alle Informationen, die ich aufgezählt habe, sind ja nicht neu. Es haben vor mir und meiner Co-Autorin Katharina weitaus schlauere Menschen weitaus schlauere und tiefgründigere Bücher geschrieben, und trotzdem stehen wir da, wo wir jetzt stehen. Aufklärung ist wichtig, ein neues Narrativ unserer Zukunft ist wichtig, aber ohne ein neues Bewusstsein wird der gemeinsame Aufbruch, den wir so dringend benötigen, vermutlich nicht gelingen. Das ist der Teil, wo sich mein rational denkendes Ich normalerweise geschlagen gibt. Auch wenn ich immer mehr ahne, vor allem durch die Arbeit an mir selbst (siehe *New Work needs Inner Work*, wie im Kapitel UNFUCK Arbeit beschrieben), dass die Lösung vielleicht fernab von reiner Logik und Fakten liegt.

Ein gesellschaftliches Betriebssystem – Theorie U

Einen persönlichen Wendepunkt in der Art, wie ich Wirtschaft betrachte, erlebte ich bei einem Vortrag von Otto Scharmer beim Entrepreneurship Summit 2019. Bis dahin hielt ich nicht viel von der Verquickung von spirituellen und wirtschaftlichen Theorien. Aber weil Scharmer am renommierten Massachusetts Institute of Technology (MIT) lehrt, hörte ich trotzdem zu. Nur zur Einordnung, welche Bedeutung das MIT für die globale Wirtschaft hat: MIT-Absolvent_innen sind für circa 30.000 Firmengründungen mit über 4,6 Millionen Arbeitsplätzen verantwortlich und generieren jährlich circa 1,9 Billionen US-Dollar Umsatz, was der zehntgrößten Wirtschaftsmacht der Welt entspricht.[125]

Otto Scharmer beschreibt ein neues Bewusstsein, seine Idee ist ein neues gesellschaftliches Betriebssystem. Was das heißt? Nehmen wir einmal an, die Welt wäre ein Smartphone, dann bräuchten wir aktuell erst mal nicht noch mehr Apps, um sie zu verändern, sondern ein Update des Betriebssystems. Erst nach dem Update können die vielen Apps ihre vollen Funktionen entfalten, und es ist sinnvoll, weitere zu entwickeln. Ein Update von Unternehmen, Bildungseinrichtungen und Staaten. Seit über 20 Jahren forscht Scharmer mit vielen Kolleg_innen daran, wie diese echte Transformation gelingen kann, und bezieht ökologische, soziale und spirituelle Faktoren mit ein. Das Ergebnis dieser jahrzehntelangen Arbeit, die nicht nur auf Theorien, sondern auch auf vielzähligen Workshops und Interviews mit über 150 Innovator_innen aus Wirtschaft, Regierung und Zivilgesellschaft beruht, nennt er die Theorie U. Sie lenkt die Aufmerksamkeit auf den blinden Fleck von Organisationen und Führungskräften: die Ursprünge, aus denen unser Handeln entstammt, ob nun individuell oder auch als Gemeinschaft. Wir sehen die Ergebnisse unseres Handelns, aber selten fragen wir uns, *warum* wir so handeln und entscheiden. Aus welchem inneren Ort entwachsen unsere Handlungen? Unsere Handlungen und Entscheidungen erwachsen wie Pflanzen aus einem Boden, und dieser Boden, auch soziales Feld genannt, besteht aus der Summe der Bezie-

---

125 http://web.mit.edu/facts/entrepreneurship.html

hungen zwischen Individuen, Gruppen und Systemen. Viele würden es wahrscheinlich auch Erfahrungen nennen. Diesen Boden zu kultivieren, ihm Aufmerksamkeit zu schenken, damit neue Ideen darauf wachsen können, ist ein Ziel der Theorie U. Es ist wie eine Reise von einem Berg, auf dem wir als Gesellschaft stehen und der gerade in sich zusammenbricht mit all seinen ökologischen, sozialen und spirituellen Problemen, hin zu einem Berg mit höchstem Potenzial und einer besseren Zukunft. Für die Überwindung dieses sich auftuenden Abgrunds ist der innere Zustand, also die Quelle unseres Handelns und unserer Wahrnehmungen entscheidend. Otto Scharmer formuliert es wie folgt: »Die Qualität von Ergebnissen, die ein System erzielt, hängt von der Qualität des Bewusstseins ab, auf dessen Basis die Menschen in diesem System handeln. Das heißt: Form folgt Bewusstsein.«

Wollen wir also echte Veränderung und unser höchstes Potenzial für die Zukunft erlangen, müssen wir eine Bewusstseinsveränderung erreichen. Aber wie? Otto Scharmer beschreibt in seinem Buch *Essentials der Theorie U*, dass wir das System dazu bringen müssen, sich selbst zu sehen. Und das beginnt mit uns selbst als Teil des Systems, indem wir unter anderem Zuhören lernen. Wir hatten ja bereits kurz beim Thema gewaltfreie Kommunikation (GFK) darüber gesprochen, und auch Scharmer hält Zuhören für die wahrscheinlich am meisten unterschätzte Grundfähigkeit. Aus Hunderten von Entwicklungs- und Innovationsprozessen bekam Scharmer immer wieder die Rückmeldung: »Wenn du die Qualität deines Zuhörens veränderst, veränderst du dein Leben.« Normalerweise sind wir es gewohnt zuzuhören, damit noch einmal bestätigt wird, was wir sowieso schon wissen. Das ist die gute alte Blase, die alles Neue abhält. Otto Scharmer nennt diese Phase »herunterladen« bzw. englisch *downloading*. Sie ist nicht per se schlecht, aber wenn es die einzige Art des Zuhörens bleibt, die man beherrscht, wird es problematisch. Weil man eben immer nur das bestätigt bekommt, an was man sowieso bereits glaubt. Ab und zu schaffen wir es, unseren Tunnelblick etwas zu öffnen und Informationen aufzunehmen, die unserer Meinung eigentlich widersprechen. Ab und zu schaffen wir es, unseren Drang des Urteilens kurz zurückzuhalten: Das nennt Scharmer »faktisches Zuhören«. Spannend wird es, wenn wir es schaffen, uns in die Situation des Gegenübers zu versetzen und einzufühlen. Wenn wir es schaffen, unsere Gefühle als Wahrnehmungsorgan zu nutzen. Das nennt man »empathisches Zuhören«. Damit wirklich Neues entstehen kann, damit wir Aha-Momente in Konversationen erleben können, müssen wir durch unser Zuhören einen schützenden Raum schaffen, auch »schöpferisches Zuhören« genannt. Wenn wir diese vier Arten des Zuhörens unterscheiden lernen – *downloading* sowie faktisches, empathisches und schöpferisches Zuhören – und seine Qualität variabel auf Situationen anpassen können, sind wir der Veränderung unseres Bewusstseins schon ein großes Stück näher gekommen. Man kann diese Formen von Zuhören trainieren. Dafür muss man aber auch lernen, andere, destruktive innere Stimmen loszulassen: Wie die Stimme des Urteilens, die Stimme des Zynismus und die Stimme der Angst.

Ein wesentliches Gedankenmodell der Theorie U ist außerdem das Wechselspiel von *presencing* und *absencing*, und es half mir sehr, unseren aktuellen Zustand der Welt besser zu begreifen. *Presencing* (Presence + Sensing) bedeutet vereinfacht gesagt, dass wir die Außenwelt, also unser gewohntes Umfeld, mit offenen Augen neu wahrnehmen und beobachten. Das gelingt, indem wir unseren Drang zum vorschnellen Urteilen zurückhalten; lernen, neu zuzuhören und weniger selbst zu senden – denn wir lernen ja kaum Neues, wenn wir uns selbst zuhören. Dafür müssen wir uns bewusst Zeit nehmen und der hektischen Außenwelt trotzen. Den größten Feind für diesen Prozess haben wir übrigens meistens in der Hand oder Hosentasche, nämlich unser Smartphone. Ja, das Smartphone ist unser Fenster zur Welt, es ist auch unser Fenster zu anderen Meinungen und dazu, Menschen zuzuhören, die eine größere Diversität repräsentieren, als wir vielleicht in unserem direkten Freundeskreis haben. Aber gleichzeitig unterliegt alles, was wir sehen, der Logik von Algorithmen, und so sehen wir am Ende vor allem Dinge, für die wir uns eh schon interessieren, sodass wir nur schwer aus unserer »Blase« herauskommen. Außerdem verhindert diese ständige Erreichbarkeit und die Gier nach Infos und danach, noch mehr zur Bestätigung des eigenen Egos von sich selbst zu senden, dass wir einmal wirklich in uns hineinhören. Dass wir uns Zeit dafür nehmen, Gedanken und Prozesse zu Ende zu denken. Schaffen wir es, unser Smartphone mal wegzulegen und dem obigen Prozess zu folgen, erweitert sich unsere Wahrnehmung, und wir können uns langsam für neue Ideen öffnen und ihnen bewusste Aufmerksamkeit schenken. Denn wo unsere Aufmerksamkeit hingeht, geht auch unsere Energie hin. Jede neue Bewegung, jedes neue Start-up beginnt damit, dass man seine Aufmerksamkeit einem Thema oder Problem widmet. Durch diese Energie von einigen wenigen wird wiederum mehr Aufmerksamkeit von anderen abverlangt, und es können gesellschaftliche Errungenschaften folgen, wie es beispielsweise beim Frauenwahlrecht schon geschehen ist. Wollen wir also alte Muster durchbrechen, dann müssen wir unsere Aufmerksamkeit auf neue Dinge lenken. So kommen wir zum Grund der Theorie U, nämlich zum Boden im Buchstaben U. Diesen Zustand der Stille nennt Otto Scharmer *presencing*. Hier lassen wir alles Alte los, unsere Rollen, Berufe, Herkunft und insbesondere unser Ego, und öffnen uns damit für neue Lösungen. Denn die Wahrscheinlichkeit, dass eine einzige geniale Person die großen Lösungen für unsere komplexe Welt findet, ist sehr viel geringer als die, dass wir es gemeinsam schaffen. Ein Beispiel für dieses Presencing sind die weiter oben genannten Bürgerräte in Leipzig und Irland. Als alle Teilnehmer_innen ihre Urteile, politischen Gesinnungen und Unterschiede beiseitelegten, sozusagen den Schleier des Nichtwissens anlegten und einander zuhörten, eröffnete sich ein neuer Raum für Lösungen. Manche würden diesen Zustand vielleicht auch als Flow bezeichnen. Die einzelnen Teilnehmer_innen verschmolzen zu einem aus unterschiedlichen Zellen bestehenden Organismus, oder wie Laloux es in seinem Buch *Reinventing Organizations* oft in Bezug auf evolutionäre Unternehmen bezeichnet hat: Sie wurden ein lebendiges System. Wenn man sich dagegen die showreifen Debatten im Bundestag oder Talkshows anhört, bei denen möglichst konträre Meinungen von besonders streitlustigen Menschen aufeinanderprallen sollen, so wundert es nicht wirklich, dass aus Prozessen einer wie auch immer gearteten Streitkultur keine neuen Lösungen entstehen. Das Presencing ist wie ein Tor: Durchschreiten Systeme und Organisationen dieses Tor, so entstehen beeindruckende Projekte und echter Wandel – den wir dringender denn je brauchen. Diese Organisationen zeichnen sich dadurch aus, dass sie die Zukunft *im Tun* erkunden. Das heißt, dass sie mit ihrem neuen Bewusstsein einfach loslegen, Prototypen bauen und von den Ergebnissen und dem Feedback stetig lernen. Es ist wichtig, ins Handeln zu kommen, denn zu oft paralysieren wir uns selbst durch übermäßige Analysen und Sterben in Schönheit. Wir hätten bei der Gründung von *einhorn* oder beim Olympiaprojekt noch unendlich lange diskutieren können, wie es am besten funktioniert und welche Fallstricke wir vermeiden müssen, aber erst als wir bei beiden Projekten das Crowdfunding starteten, konnten wir das volle Potenzial sehen, wichtige Partner_innen dazugewinnen und Fehler sowie Optimierungspunkte des Projekts durch die Kritik von außen angehen. Über eine Idee sprechen ist eine Sache, aber erst wenn man sie tatsächlich umsetzt, den Prototypen baut, entfaltet sich das wahre Potenzial.

Würde es nur Presencing geben, hätten wir vermutlich die drängendsten Probleme unserer Welt bereits gelöst, aber die Realität ist, dass aktuell das *absencing* (Abwesendwerden) in der Welt dominanter zu sein scheint, wir also im *downloading*-Bereich verharren. Statt offenem Geist und der Fähigkeit, zuhören zu können, dominieren Leugnen und Falschmeldungen unseren Alltag. Das gipfelt in einem verschlossenen Willen aus Angst, Hass und Ignoranz, was wiederum zu gegenseitigen Schuldzuweisungen und Gewalt führt. Soziale Systeme, die nach Prinzipien des Absencing handeln, führen unweigerlich zu Trennung und Mauern und zur Zerstörung von Vertrauen, Beziehungen, Natur und letztlich sich selbst. Ein trauriges Beispiel für Absencing ist das Handeln von Donald Trump, der ja unter anderem auch den Begriff Fake News wie kein anderer geprägt hat und für sich ausschlachtet. Leider wirkt laut Scharmer die gesamte Medienlandschaft, insbesondere die sozialen Medien, wie ein gigantischer Multiplikator des Absencing. Als Beispiel für den toxischen Einfluss sozialer Medien nennt er die 70 Prozent höhere Wahrscheinlichkeit, dass eine Falschmeldung auf Twitter geteilt wird, als eine auf realen Informationen basierende Meldung. Presencing mehr in den Fokus von Medien zu stellen, ist für ihn ein zentraler Baustein für ein neues Betriebssystem, weshalb er gemeinsam mit der Huffington Post an einer digitalen Plattform arbeitet, die den negativen Einfluss des aktuell noch vorherrschenden Wirtschaftssystems beleuchten und alternative Lösungsvorschläge aufbereiten soll.[126] Die Idee ist, den Kapitalismus so zu restrukturieren, dass er uns Menschen und unserem Planeten dient und nicht schadet. Dafür sollen Artikel und Geschichten veröffentlicht werden, die in der Berichterstattung der Massenmedien oft zu kurz kommen, die aber Wege in eine neue Wirtschaftsform aufzeigen. Das Ziel ist nicht weniger, als das Narrativ unserer Wirtschaft neu zu erzählen und stattdessen eine Wirtschaft zu bewerben, in deren Zentrum Sozial- und Umweltgerechtigkeit stehen. Und wer jetzt denkt, Moment mal, sollte Journalismus nicht neutral sein? Und sollten Redakteure nicht einzig und allein Fakten verpflichtet sein und keiner Agenda folgen, dem sei gesagt: Es gibt keinen objektiven Journalismus. Es gibt sicherlich einen Anspruch auf ethischen Journalismus und darauf, den Pressekodex mit seinen Richtlinien wie Achtung der Menschenwürde, Verpflichtung zu sorgfältiger Recherche und Trennung von Werbung und

---

126 https://www.presencing.org/news/news/press-release-pi-and-huffpost-to-focus-on-transforming-capitalism

Berichterstattung einzuhalten[127] – aber wie Themen in Redaktionen ausgewählt und mit welcher Vehemenz sie verfolgt werden, welche Stimmen zu Wort kommen, auf welche Aspekte bei komplexen Fragestellungen fokussiert wird und inwiefern die Leserschaft und ihre Interessen eingebunden werden, das alles ist bei Weitem nicht objektiv und unterliegt schon jetzt sehr vielen verschiedenen Bias, also Verzerrungseffekten, Vorurteilen und Voreingenommenheiten, von denen sich niemand freimachen kann. Auch Journalisten nicht.

Absencing und der Fokus unserer Medienlandschaft darauf, insbesondere durch den Katalysator der sozialen Medien, befeuert das vorherrschende negative Menschenbild. Welches Menschenbild wir alle haben, ist entscheidend dafür, welche Handlungen wir vornehmen. Das soziale Feld in der Theorie U, aus dem unsere Handlungen hervorgehen, basiert auf der Summe der Beziehungen zwischen Individuen, Gruppen und Systemen. Wenn wir also die Menschen in diesem Feld für grundsätzlich egoistisch und von Natur aus schlecht halten und »einen Krieg aller gegen alle« führen, so wie es der Philosoph Thomas Hobbes einst beschrieb, dann müssen wir uns nicht wundern, dass viele Menschen das Vertrauen ineinander verlieren und stattdessen ihre Stimme den Trumps, Bolsonaros und Orbans dieser Welt geben. Was aber, wenn stattdessen der Philosoph Jean-Jacques Rousseau recht hatte, und wir alle von innen heraus gut sind? Das aktuell dominierende negative Menschenbild ist an sich nichts Neues, neu ist nur die Aufmerksamkeit und Verstärkung, die es durch soziale Medien erhält und dass wir alle sie in Echtzeit in fast jedem Winkel der

---

127 Im Ganzen übrigens hier nachzulesen: www.presserat.de

Welt wahrnehmen können. In diesem Sinne füttert das negative Menschenbild auch unsere Empfänglichkeit für negative Gedanken und Gefühle.[128]

Die »Humanmastanlage«, in der wir alle groß wurden, hat keinen unerheblichen Anteil an diesem Menschenbild. Das christliche Menschenbild zum Beispiel sieht es so: Wir sind alle Sünder_innen und kämpfen täglich gegen unsere Versuchungen an. Das wirtschaftswissenschaftliche Menschenbild kennt nur den Homo oeconomicus – rein gewinnorientiert und selbstsüchtig. Und die großen Denker_innen der Moderne wie beispielsweise Sigmund Freud sahen es ähnlich: »Gerade die Betonung des Gebotes: Du sollst nicht töten, macht uns sicher, daß wir von einer unendlich langen Generationsreihe von Mördern abstammen, denen die Mordlust, wie vielleicht noch uns selbst, im Blute lag.« (Sigmund Freud in: *Das Unbehagen in der Kultur.*)[129] Aber ist das wirklich so? Gibt es dafür irgendwelche Beweise? Diese Frage ist entscheidend. Denn wenn wir wirklich eigentlich böse sind, dann brauchen wir dringend mehr Kontrolle, Hierarchien, Mauern und starke Führer, die uns mit Zuckerbrot und Peitsche im Zaum halten, sei es in Unternehmen oder in der Politik mit Polizeistaaten. Ideale wie evolutionäre, selbstbestimmte Unternehmen, Bürger_innenräte und Presencing könnten wir sofort vergessen.

---

128 Der sogenannte »Negativity Bias« beschreibt ein sozialpsychologisches Phänomen, dass sich negative Gedanken, Gefühle oder Erlebnisse psychisch stärker als neutrale oder positive auswirken, auch wenn diese in gleicher Intensität auftreten.

129 https://oe1.orf.at/artikel/204492/Warum-Terror

Eine Frage des Menschenbilds:
»Im Grunde gut«

Der niederländische Historiker Rutger Bregman, den wir bereits im Kapitel Wirtschaft ist Geschichte vorgestellt haben, hat sich in dem Buch *Im Grunde gut* auch die historische Beweislage einmal angeschaut. Bregman spoilert bereits im Titel, denn wie der Name schon sagt, wir sind nicht ausschließlich böse. Wir sind zwar auch keine Lämmchen, wir sind zu grausamen Taten im Stande, aber im Grunde sind die meisten Menschen meistens gut. Ein Großteil der Geschichten und Nachrichten, die sich in unseren Kopf eingeprägt haben und das negative Menschenbild stärken, verzerren völlig die Realität. Bregman nennt das bekannte millionenfach verkaufte Kultbuch *Herr der Fliegen* von Literaturnobelpreisträger William Golding, das im Jahr 1954 erschien, als Beispiel. In diesem stranden zwanzig britische Schuljungen auf einer einsamen Südseeinsel. Nach anfänglichen Versuchen, konstruktiv gemeinsam zu überleben, setzt sich der »tierische« Trieb bei den Kindern durch, und es folgen Folter, Mord und viele Grausamkeiten. Dieses vermeintlich realistische Buch, das auch in Deutschland in fast jedem Englischunterricht gelesen wird, prägte Millionen von Menschen und inspirierte viele Verfilmungen und Nachahmungen wie beispielsweise die bekannte Serie *Lost*. Golding gilt sogar als der geistige Vater von Reality-TV à la *Big Brother*.

Das Problem? Die Geschichte ist komplett erfunden. Rutger Bregman tauchte tiefer in die Biografie des Autors ein, um besser zu verstehen, warum er ausgerechnet dieses negative

Narrativ gewählt hat, denn er hätte ja auch einen anderen Ausgang der Geschichte entwerfen können. Heraus kam, dass Golding unter Depressionen litt, Alkoholiker und seinen Kindern gegenüber gewalttätig war. Und zu allem Überfluss war Golding noch dazu jemand, der gerne sein größtes Verständnis für die deutschen Nationalsozialisten kundtat.

Aber wie würde so eine Geschichte tatsächlich verlaufen? Diese Frage ließ Bregman nicht mehr los, und so durchforstete er in gewohnter Historikermanier das Internet und wurde tatsächlich fündig. 1966 strandeten sechs schiffbrüchige Jungs nach acht Tagen auf dem Meer auf der unbewohnten Insel 'Ata, die zu einer Inselgruppe im Pazifik gehört, und wurden erst mehr als ein Jahr später von dort gerettet. Im Gegensatz zum fiktionalen Werk von Golding verlief das echte *Herr der Fliegen* etwas anders. Der Kapitän, der die Jungen gerettet hatte, berichtete in seinen Memoiren, dass er eine kleine Kommune vorfand. Mit Gemüsegarten, einer Sportschule mit Badmintonfeld, Hühnerställen und einer Feuerstelle, die über ein Jahr lang durchgängig brannte. Ein fester Arbeits- und Zeitplan und klare Regeln bei Streitigkeiten sowie Morgen- und Abendrituale mit Gesang und Gebeten ließen die Jungen mehr als ein Jahr lang überleben – allen Widrigkeiten zum Trotz. Während *Herr der Fliegen* immer noch gelesen wird, kennt die auf wahren Tatsachen beruhende Geschichte kaum jemand. Dank Bregmans Buch und einem Artikel in *The Guardian* wurde ein Hollywood-Studio aufmerksam und plant jetzt eine Verfilmung.[130] Das zeigt, wie wichtig es ist, Geschichten nicht einfach stehen zu lassen, gerade wenn sie fiktionaler

---

130 https://www.theguardian.com/film/2020/may/22/hollywood-studio-behind-12-years-a-slave-wins-rights-for-real-life-lord-of-the-flies

Natur sind, sondern sie zu korrigieren und neue, wahrhaftigere Geschichten zu erzählen. Denn bekanntlich sind Geschichten nicht einfach nur Geschichten, nein, Geschichtenerzähler_innen regieren laut Platon die Welt.

Bregman widerlegt in seinem Buch nicht nur die Moral hinter vielen Geschichten und falschen Berichterstattungen, die ein negatives Menschenbild widerspiegeln, sondern schaut sich auch die Evolution des Menschen genauer an. Wie zu Beginn des Buches erwähnt, ist die Menschheit ja erst am 31. Dezember um 23 Uhr auf der »Erdgeschichts-Party« erschienen. Seitdem haben wir uns zur Krönung der Evolution aufgeschwungen und beherrschen die noch verbliebene Flora und Fauna. Zumindest denken wir das. Wie haben wir das eigentlich geschafft, und warum sind wir als einzige menschliche Spezies von mindestens fünf anderen, die ebenfalls vor 50.000 Jahren lebten, übrig geblieben? Die Neandertaler waren, entgegen dem ihnen fälschlicherweise zugeschriebenen Image als dumme, aufrechtgehende Primaten, sogar stärker und schlauer als der Homo sapiens. Liegt die Antwort darauf vielleicht gar in der Frage danach, ob die Menschen an sich gut oder böse sind? Wenn wir schon nicht stärker und schlauer waren, so fragt sich Bregman, waren wir vielleicht niederträchtiger und skrupelloser?

Auf der Suche nach der Antwort stieß er auf den sowjetischen Zoologen und Genetik-Professor Dmitri Beljajew und seine wissenschaftliche Mitarbeiterin Ludmila Trut. Beljajew richtete seine besondere Aufmerksamkeit ab dem Jahre 1958 bis zu seinem Tod 1985 unter anderem auf die Frage, warum domestizierte Tiere wie Schweine, Kaninchen, Schafe, aber auch Hunde so aussehen, wie sie aussehen. Sie sind kleiner als ihre wilden Vorfahren, haben oft Schlappohren, Ringelschwänzchen und behalten ihr relativ jugendliches Aussehen auch im Alter. Er hatte eine Vermutung und wollte diese gemeinsam mit Trut unter Beweis stellen. Seine Hypothese war, dass die Tiere von allein dieses Aussehen annehmen, wenn sie nach einer Eigenschaft selektiert werden: Zahmheit bzw. Zutraulichkeit. Um diese Hypothese zu testen, wollte er eines jener Tiere, die noch nie zuvor domestiziert wurden, den Silberfuchs, in ein Haustier verwandeln. Dafür begaben sich die beiden unter dem Vorwand von Forschungsarbeiten zum Fuchsfell auf eine Fuchsfarm in Sibirien, da jegliche Genforschung unter dem kommunistischen Regime verboten war. Fortan selektierte Ludmila die Füchse zur Weiterzucht, die sie nicht sofort in ihren fünf Zentimeter dicken Handschuh bissen, wenn sie ihre Hand in den Käfig hielt. Es dauerte nur ein paar Jahre, und vier Generationen später wedelte der erste Fuchs mit dem Schwanz. Die Füchse wurden immer verspielter und veränderten sich auch physiognomisch, sie entwickelten geringelte Schwänze. Sie fingen sogar an zu bellen und reagierten darauf, wenn man sie beim Namen nannte, was zuvor bei den Füchsen noch nie beobachtet wurde. Als die kommunistische Führung die Evolutionstheorie irgendwann doch nicht mehr für eine kapitalistische Lüge hielt, durfte Beljajew seine Ergebnisse nach 20 Jahren endlich auf einem Gentechnikkongress in Moskau vorstellen. Als die anwesenden Wissenschaftler_innen Bewegtbilder von schwanzwedelnden Silberfüchsen sahen, trauten sie ihren Augen nicht. Beljajew stellte fest, dass das zahme Wesen dieser Füchse wahrscheinlich auf ihren Hormonhaushalt zurückzuführen war. Seine Füchse produzierten viel weniger

Stresshormone als die wilden Tiere, aber dafür mehr Glücks-
und Kuschelhormone (Serotonin und Oxytocin). Er ging sogar noch einen Schritt weiter. Er vermutete, dass das auch für
den Menschen gilt und wir deshalb eigentlich »domestizierte«
Affen sind, aber aufgrund fehlender Mittel wurde diese Theorie erst nicht weiterverfolgt. Erst 2014 verglich ein Team ame-
rikanischer Forscher die Schädelstrukturen von Menschen in
den verschiedenen Abschnitten der Menschheitsgeschichte.
Und tatsächlich sieht man eine Veränderung, ähnlich der
von Wölfen zu Hunden. Unsere Gesichtszüge wurden wei-
cher, weiblicher und kindlicher, was im Vergleich zu dem
Gesicht eines Neandertalers besonders deutlich wird. Aber
wie konnte ein viel schwächeres, verletzlicheres Wesen als
seine stärkeren Vorfahren die Welt erobern? Auf diese Frage
glaubt der amerikanische Forscher Brian Hare eine Antwort
gefunden zu haben. Schon länger hatte der große Hundelieb-
haber vermutet, dass Hunde entgegen ihrem Image als treu-
doofe Stöckchenapportierer eigentlich ziemlich schlau seien.
Beim sogenannten *object choice-Test,* bei dem Leckerlis ver-
steckt werden und dann Hinweise an die Probanden gegeben
werden, hatten Kleinkinder immer gut abgeschnitten, aber
Schimpansen hatten damit so ihre Probleme. Irgendwann
probierte Brian das Experiment einfach an Hunden aus und
konnte beweisen, dass Hunde oft intelligenter vorgehen als
Schimpansen. Woher aber konnten Hunde das so gut? Tests
an Wölfen, also ihren Vorfahren, haben schlechtere Resultate
erbracht. Um das zu klären, reiste Brian 2003 nach Sibirien
und traf auf Ludmila Trut und ihre Silberfüchse. Hier führte
er den *object choice-Test* durch, sowohl mit den wilden Füchsen als auch mit den nach Zutraulichkeit selektierten, und
das Ergebnis war eindeutig: Die freundlichen Füchse waren

viel klüger. Das war ein bedeutender Meilenstein in der Forschung, denn bisher ging man davon aus, dass domestizierte Tiere dümmer seien als ihre wilden Artgenossen (bei dem Gedanken kann einem schon übel werden, wenn man bedenkt, dass wir letztes Jahr 55,1 Millionen Schweine, also domestizierte Wildschweine, allein in Deutschland geschlachtet haben[131]).

Der Mensch – anderen menschlichen Spezies überlegen, weil wir freundlicher sind und damit besser kooperieren können. Auch wenn diese Erkenntnis kein eindeutiger Beweis für das Gute im Menschen ist, so ist sie dennoch ein Hoffnungsschimmer, über den es sich lohnt nachzudenken. Wir sind übrigens auch die einzige Art im Tierreich, die errötet. Und wann erröten wir? Wenn wir etwas auf die Meinung und Gefühle unserer Mitmenschen geben. Wir sind auch die einzigen Primaten, deren Augenfarbe um die Pupille weiß ist, damit wir der Blickrichtung des Gegenübers folgen und somit Vertrauen fördern können. Auch der große Augenbrauenbogen hat sich zurückentwickelt, und es wird vermutet, dass es die Kommunikation erleichterte. Unsere Evolution scheint darauf hinzudeuten, dass wir dank unserer extremen sozialen Kompetenz und dem vertrauensvollen Miteinander so weit gekommen sind. Was passiert, wenn uns diese Gemeinschaft vorenthalten wird, haben wir spätestens beim Lockdown während der Corona-Pandemie bemerkt, denn Videoanrufe waren für die meisten kein befriedigender Ersatz für eine persönliche Begegnung.

---

131 https://albert-schweitzer-stiftung.de/aktuell/schlachtzahlen-2019-gesunken

Corona war in dieser Hinsicht ein Augenöffner, aber Corona und die Auswirkungen der Pandemie, die uns vielleicht noch Jahre begleiten werden, bergen auch die Gefahr, dass persönliche Begegnungen künftig erschwert werden. Die Entwicklung zum völlig digitalen Leben mag für Firmen wie Facebook, Google, Amazon, Alibaba & Co. ein Traum sein, aber für die nötigen Veränderungen brauchen wir persönlichen Kontakt und Verbindung. Natürlich können und müssen wir mit weit weniger Meetings und teils sinnlosen Reisen auskommen, aber manchmal muss man sich eben persönlich in die Augen sehen, um Verbindung aufzubauen. Es wird eine große Herausforderung in den kommenden Monaten (oder gar Jahren) sein, die gesundheitlichen Vorsichtsmaßnahmen einzuhalten und sich trotzdem begegnen zu können. Zum Beispiel, um einem Bürger_innenrat beizuwohnen oder sich als Unternehmen oder Abteilung weiterzuentwickeln oder auch gemeinsam einen urbanen Garten zu beackern.

(HAPPY) END

So, jetzt haben wir euch genug mit Informationen geflutet. Jetzt seid ihr dran. Was ihr konkret tun könnt? Zuallererst könntet ihr euch ein paar der genannten Themen näher anschauen, euch sozusagen den Kinofilm zum Trailer geben. Ihr könntet die besonders spannenden oder auch unsinnig erscheinenden Thesen aus dieser Streitschrift in eurem Freundeskreis oder auf der Arbeit diskutieren. Aber auch darüber hinaus habe ich ein paar super (subjektive) Ideen und Vorschläge, ohne jeglichen Anspruch auf Vollständigkeit, die ihr aus eurer jeweiligen Rolle betrachten und vielleicht ausprobieren könnt. Aber vielleicht passen sie auch überhaupt nicht, weil ich natürlich eure persönliche Situation nicht kenne und meine Empfehlungen auf meinen privilegierten Erfahrungen als mittelalter *weißer* Mann aus dem globalen Norden beruhen. Trotzdem wollte ich sie euch nicht vorenthalten, weil ich es in Büchern immer ganz spannend finde, wenn konkrete Empfehlungen oder Übungen genannt werden.

Also, los gehts, was könntest du tun als…

Politiker_innen:

- Gesetze unterstützen, die Unternehmen für Umwelt- und Menschenrechtsverletzungen haftbar machen, wenn diese ihre unternehmerische Sorgfaltspflicht im Ausland vernachlässigen. Was in Deutschland gilt, soll auch im Ausland gelten. Die Zeiten der inneren und äußeren Welt sollten endlich vorbei sein. Diese Forderung hat unter dem #fairbylaw übrigens schon 173.000 Befürworter_innen auf der Plattform change.org gefunden.

- Milliardenhilfen und Konjunkturpakete nicht nur auf mehr Wachstum ausrichten und schon gar nicht an Unternehmen mit einer Historie von Menschenrechtsverletzungen ausschütten, beziehungsweise nicht ohne gegenteilige Nachweise auch von ihren Zulieferern. Das betrifft insbesondere folgende Branchen und/oder Güter, die laut *Global Slavery Index* für moderne Sklaverei prädestiniert sind: Laptops und Smartphones, Kleidung, Fisch, Kakao und Zucker. Dasselbe gilt natürlich auch für Unternehmen, die klima- und naturschädlich agieren.

- Einen gendergerechten Haushaltsplan verfolgen, mit dem Ziel, die tatsächliche Gleichstellung der Geschlechter zu fördern und schließlich zu erreichen.

- Bedingungsloses Grundeinkommen fordern. Die Zustimmung in der Bevölkerung ist immens. Die e-Petition Nr. 108191 zur Einführung eines Bedingungslosen Grundeinkommens vom 14.03.2020 hat innerhalb von vier Wochen über 176.000 Unterzeichner_innen gesammelt und ist damit die größte e-Petition aller Zeiten. Eine ähnliche Petition auf change.org hat bereits über 467.000 Unterschriften (Stand 18.05.2020) und wächst weiter. Besonders Frauen in systemrelevanten Berufen würden davon profitieren und vor Altersarmut geschützt werden.

- Rechtlich bindende Frauenquote in Führungspositionen einführen. Obwohl Frauen knapp die Hälfte unserer Bevölkerung ausmachen und drei von vier Frauen (erwerbs-) arbeiten, ist nur jedes zehnte Vorstandsmitglied weiblich.[132] 2018 fand die AllBright Stiftung[133] heraus, dass es mehr Männer mit dem Namen Thomas in deutschen Dax-Vorständen gab als Frauen. Bei Start-ups bestehen die Gründerteams sogar nur zu vier Prozent aus Firmengründerinnen. Laut einer BCG-Studie[134] entgehen durch diese Ungleichheit bei den Gründerteams der globalen Wirtschaft sogar 2,5 bis 5 Billionen Dollar. Und wenn man schon dabei ist, sollte auch die Politik noch weiblicher werden: Im deutschen Bundestag liegt der Frauenanteil bei lediglich 31,2 Prozent. Das muss sich dringend ändern.

- Institutionellen und strukturellen Rassismus entschieden aufdecken und in der politischen Beteiligung, in der Bildung sowie auf dem Arbeits- und Wohnungsmarkt bekämpfen. Es kann nicht sein, dass der Vor- oder Nachname darüber entscheidet, ob jemand einen Job oder eine Wohnung bekommt.

- Eine realistische Bestandsaufnahme und Abgleich mit der Realität in Deutschland in Bezug auf Artikel 3, Absatz 3 des Grundgesetzes: »Niemand darf wegen seines Geschlechtes, seiner Abstammung, seiner Rasse, seiner Sprache, seiner Heimat und Herkunft, seines Glaubens, seiner religiösen oder politischen Anschauungen benachteiligt oder bevor-

---

132 https://www.tagesspiegel.de/wirtschaft/frauen-in-fuehrungspositionen-noch-immer-allein-an-der-spitze/24073562.html

133 https://static1.squarespace.com/static/5c7e8528f4755a0bedc3f8f1/t/5d78d6831 d5e0e514fe34628/1568200336024/Allbright+Bericht_September+2018_klein. pdf

134 https://www.bcg.com/de-de/publications/2019/boost-global-economy-5-trillion-dollar-support-women-entrepreneurs.aspx

zugt werden. Niemand darf wegen seiner Behinderung benachteiligt werden.« Und dabei gleich mal den Begriff Rasse ersetzen.

- Endlich eine alternative Rechtsform zur GmbH ermöglichen, nach den Prinzipien des Verantwortungseigentums für sinnorientiertes Unternehmertum. Eine Gesetzesvorlage existiert bereits.
- *Crazy idea*: Wir geben allen systemrelevanten Berufen den Beamtenstatus. Somit wäre das Pflegepersonal in Krankenhäusern, Altenpfleger_innen, Reinigungskräfte, Müllabfuhr und ja warum nicht auch Supermarktkassier_innen endlich fair bezahlt und müssten sich um ihre Altersvorsorge nicht mehr kümmern. Stellt euch mal vor, wie attraktiv diese Berufe auf einmal wären.
- Kosten (wie z.B. die wichtige CO_2-Bepreisung) zur Linderung der Klimakrise nicht alleine auf Bürger_innen abwälzen, wie geschehen bei der Erhöhung der Benzinpreise in Frankreich und der anschließenden Gelbwestenbewegung. Sondern stattdessen diejenigen zur Finanzierung unter anderem durch verschiedene Steuern bitten, die jahrzehntelang vom CO_2-Ausstoß profitiert haben und damit reich wurden (#ranandiesteueroasen).
- Stellt so viel Fläche wie möglich unter Naturschutz.
- Neue Spielregeln sollten festgelegt, alte modifiziert werden, wie im Kapitel UNFUCK Politik ausführlich beschrieben.
- Das BIP als Indikator für eine gesunde Wirtschaft und Gesellschaft sollte ein für alle Mal begraben werden. Lasst uns neue Modelle wie beispielsweise das Donut-Modell prüfen. Lasst uns bundesweite Volksbegehren einführen und Bürgerräte etablieren.

Konsument_innen/Kund_innen:

- Kauf keinen Scheiß bei scheiß Unternehmen und kauf generell weniger. Frag nach und fordere Transparenz von Unternehmen ein. Dein Einkaufszettel ist dein Stimmzettel für eine faire und nachhaltige Zukunft. Stell dir bei jedem Einkauf die Frage: Brauche ich das wirklich? Und welche Unternehmen und damit welche Art von Wirtschaft will ich unterstützen und welche nicht?
- Kauf lokal. Wenn du bei Händler_innen in deiner Gegend einkaufst statt bei nationalen oder internationalen Konzernen, dann sorgst du auch dafür, dass die Steuern in deinem Landkreis bleiben und für Bildung, Infrastruktur und beispielsweise Parks und Spielplätze zur Verfügung stehen, statt in Steueroasen zu verschwinden.
- Teilen ist das neue Besitzen. Du kannst mit viel weniger Geld auskommen und somit weniger arbeiten und mehr Zeit für Hobbys und Familie haben, wenn du nicht alles besitzt, sondern teilst. Autos, Wasch- und Bohrmaschinen zum Beispiel.
- Auch wenn das Hauptproblem struktureller Natur ist, können wir als private Verbraucher_innen insbesondere an drei einfachen, aber wichtigen Hebeln arbeiten, um CO_2 zu sparen: erstens weniger fliegen, zweitens mehr Rad fahren und drittens weniger Fleisch essen.

Unternehmer_innen:

- Traut euch! Macht Dinge anders. Gebt euren Mitarbeitenden mehr Verantwortung und mehr Freiheit! Lasst eure Mitarbeiter_innen nach Möglichkeit entscheiden, wann, wie lange und wo sie arbeiten wollen, und seid viel familienfreundlicher. Schließt die Genderpay-Lücke in eurem Unternehmen, gebt jungen Eltern Gehaltserhöhungen, und wenn ihr ganz mutig seid, dann führt Gehaltstransparenz ein.

- Denkt wirklich mal über Verantwortungseigentum nach. Falls ihr beispielsweise keine/n Nachfolger_in für euren mittelständischen Betrieb habt, ist das eine grandiose Lösung, und euer geliebtes Unternehmen kann von den Mitarbeiter_innen in eurem Sinne weitergeführt werden. Außerdem ist die Bewegung dahinter mit vielen jungen und etablierten Unternehmen großartig.

- Wenn ihr erfahren wollt, welchen Beitrag euer Unternehmen zum Gemeinwohl leistet, könnt ihr eine Gemeinwohl-Bilanz erstellen. Als Kriterien werden Menschenwürde, Solidarität und Gerechtigkeit, ökologische Nachhaltigkeit, Transparenz sowie Mitentscheidung herangezogen.

- Bucht einen Workshop zum Thema »Erstsensibilisierung Rassismus« für euer Unternehmen. Ihr werdet staunen, wie viel institutioneller und struktureller Rassismus auch in eurem Unternehmen existiert. Ihr glaubt, dass Rassismus in eurem coolen, jungen Unternehmen kein Thema ist? Dann erst recht buchen, um das sogenannte Happyland[135] schnellstmöglich zu verlassen.

---

135 Happyland ist eine Bezeichnung für den Bewusstseinszustand, in dem weiße Menschen glauben, dass Rassismus ein Randthema sei, welches nichts mit ihnen selbst zu tun habe. Sie denken, dass es reicht, sich eindeutig antirassistisch zu positionieren, damit das Thema vom Tisch ist. »Happyland« sorgt dafür, dass Menschen Rassismus reproduzieren, ohne dies wahrzunehmen. Sie sind sich nicht bewusst, Teil des Problems zu sein, und können deshalb auch nicht Teil der Lösung werden.

- Lasst euer ganzes Unternehmen in gewaltfreier Kommunikation schulen und versucht es mal mit regelmäßigen *clear the air-Meetings*
- Werdet politisch aktiv! Und ich meine nicht die gängige Praxis, die Konzerne einsetzen, um mit Lobbyisten in Hinterzimmern der Ministerien über Steuersparmodelle oder Abwrackprämien zu klüngeln. Schenkt euren Mitarbeitenden z.B. 10 Prozent ihrer Arbeitszeit, um sich politisch für mehr Umweltschutz oder gegen Rassismus zu engagieren, oder geht als ganze Firma geschlossen zu einer Fridays-for-Future-Demo.
- Setzt auf qualitative und langlebige Produkte und bringt nur neue Produkte heraus, wenn diese weniger negativen Impact haben als bestehende Produkte (und natürlich bitte keine Bullshit-Produkte lancieren, deren Bedarf nur durch manipulierende Werbung geweckt werden kann).
- Bringt Produkte heraus, die uns weiterbringen, die wir wirklich brauchen. Bullshit-Produkte und Sachen, von denen man uns mithilfe von teuren Werbekampagnen einreden muss, dass wir sie brauchen, gibt es genug.
- Kompensiert kurzfristig, was ihr mit eurem Unternehmen der Natur entnehmt oder zufügt, und arbeitet mittel- bis langfristig auf eine echte Kreislaufwirtschaft eurer Produkte hin. Macht diese Bemühungen unbedingt transparent, damit Verbraucher_innen darauf aufmerksam werden können bei ihren Kaufentscheidungen.

Gründer_innen:

- Frauen traut euch! Frauengeführte Unternehmen sind nachhaltiger und sogar langfristig erfolgreicher als rein männliche Gründerteams, und man kann heutzutage Unternehmen auch ganz anders aufbauen als in der althergebrachten Machowelt.

- Falls ihr schon gegründet habt und keine Frauen im Gründerteam sind, übergebt das Ruder an Frauen im Team. Bei *einhorn* hat sich durch diesen Schritt der Umsatz mehr als verdoppelt – wir männlichen Gründer wären vielleicht niemals auf die Idee gekommen, Bio-Tampons, -Binden, -Slipeinlagen und -Menstruationscups in unser Sortiment aufzunehmen und zielgruppengerecht zu kommunizieren.

- Versucht es am besten ohne oder mit möglichst wenigen Investoren, und falls ihr trotzdem welche braucht, behaltet immer die Mehrheit der Stimmrechte. Es ist zwar härter am Anfang, aber ihr lauft nicht Gefahr, irgendwann eure Vision und Mitarbeiter_innen zugunsten eines forcierten Exits zu verraten. Schreibt euch bei der Gründung direkt *purpose* auf die Fahnen beziehungsweise in den Unternehmenszweck.

- Trotz vieler Hürden am Anfang ist die Gründung eines *fairstainable* Unternehmens möglich und langfristig sogar erfolgreicher. Denkt von Anfang an in Richtung Kreislaufwirtschaft und fangt klein, aber früh an. Die Lernkurve ist eine Wissensinvestition, und ihr werdet langfristig davon profitieren, weil uns allen nichts anderes übrig bleibt, wenn wir eine lebenswerte Welt wollen. Ideen, in welchen Branchen das Label *fairstainable* besonders dringlich ist, findet ihr zum Beispiel im Buch *Drawdown – der Plan* von Paul Hawken.

(Cis)-Frauen und LGBTQIA+:

- Lasst euch den patriarchalen Scheiß und das *mansplaining* nicht mehr gefallen! Dass Männer Wirtschaft besser könnten und beispielsweise »eine Mutter eben Mutter« sei, ist nur ein weiteres von Männern konstruiertes Narrativ, um ihre eigene Dominanz zu stärken und sich der Care-Arbeit zu entziehen. Jahrhunderte lang waren Männer an der Macht, und das Resultat sehen wir ja. Lasst uns eine neue Wirtschafts- und Arbeitswelt erschaffen, in der Frauen und LGBTQIA+ nicht einfach wie Männer agieren, sondern in der wir eine neue Arbeitswelt, neue Systeme schaffen, in denen es bei Entscheidungsfindungen nicht nur darum geht, seine Interessen durchzusetzen.[136] Lasst uns die Klimaanlagen endlich wärmer stellen. Und lasst euch auch im Privatleben nicht immer mehr Care-Arbeit aufhalsen, als euer Partner verrichtet.

(Cis)-Männer:

• Lasst uns die Bühne auch mal den anderen überlassen und manchmal einfach den Mund halten und zuhören. Unsere Meinung haben wir in der Regel schon zur Genüge kundgetan und bekommen die Gelegenheit durch unser Privileg, gleichzeitig weiß und männlich zu sein, immer noch oft genug. Wir werden sehen, dass die Welt dadurch auch für uns besser wird. Fakt ist nämlich, dass die alte, hauptsächlich von uns geschaffene Welt dazu geführt hat, dass

---

136 Eine Studie der Princeton Universität zeigte 2012, dass Diskussionsergebnisse abhängig vom Grad der weiblichen Teilnahme waren. Je mehr sich Frauen an der Diskussion beteiligten, umso innovativer und konstruktiver zeigten sich die Lösungswege. Nämlich dann, wenn es nicht mehr um den quantitativen Redeanteil, die Lautstärke oder das Durchsetzungsvermögen, sondern um die Qualität und Logik der Argumente ging. (Mehr hierzu: https://www.femelle.ch/money/studie-in-maennerrunden-sprechen-frauen-weniger-326)

wir eine höhere Wahrscheinlichkeit haben, süchtig zu werden, früher zu sterben und Selbstmord zu begehen.

- Die meisten angesprochenen Herausforderungen in diesem Buch gehen auch auf uns und unsere männlichen Vorgänger zurück. Es wird also dringend Zeit, das Spiel zu verändern, indem wir mal andere Spieler_innen aufs Feld lassen und eine andere Strategie versuchen.

Wirtschaftskritiker_innen:

- Überlasst die Wirtschaft nicht den Geschäftemachern: Gestaltet Wirtschaft mit! (#citizenentrepreneurship)
- Schert nicht alle Unternehmen über einen Kamm. Ja, es gibt nur wenige Unternehmen, die sich schon auf den Weg gemacht haben in eine faire und nachhaltige Zukunft. Aber es gibt sie, und wir sollten diese unterstützen, denn irgendwer muss damit anfangen, unsere Nahrung, unsere Kleidung und unser Fahrrad fairer und nachhaltiger herzustellen. Ansonsten seid bitte weiterhin ultrakritisch, denn wir haben noch einen sehr weiten Weg vor uns.

Bürger_innen:

- Geht wählen und achtet bei den Parteiprogrammen auf möglichst viele Bestandteile eines *Social Green Deals* und die Bereitschaft anzuerkennen, dass wir noch immer institutionellen und strukturellen Rassismus in Deutschland (und Europa) haben.
- Werdet laut! Startet oder unterschreibt Petitionen wie z.B. #fairbylaw, startet Volksbegehren, setzt euch für Bürger_innenräte ein und geht auf Demos. Wenn trotzdem nichts

passiert, ist manchmal auch (friedlicher) ziviler Ungehorsam angebracht (siehe Frauenwahlrecht und Abschaffung der Rassentrennung).

Mitarbeiter_innen:

- Spätestens Corona hat gezeigt, dass alles geht. Weniger Meetings, weniger Reisen. Fordert, dass nach Corona nicht alle zur Normalität zurückkehren, denn die war alles andere als normal. Arbeit wird sich zukünftig an das Leben anpassen müssen und nicht andersherum. Sieht euer Arbeitgeber es anders? Es gibt keine besseren Alternativen? Dann gründet selbst. Wenn ihr unzufrieden seid mit den Praktiken oder den Werten eures Unternehmens und wenn ihr es euch leisten könnt für eine Weile, dann kündigt! Und kommt nur unter bestimmten Bedingungen wieder zurück. Überzeugt auch andere bei euch im Unternehmen, die es sich ebenfalls leisten können, sich solidarisch für alle anderen einzusetzen, die es sich nicht leisten können. Je mehr Mitarbeitende auf ihr Recht bestehen, desto besser sind die Chancen auf Veränderung. Nur wenn euer Unternehmen bestimmte schädliche oder moralisch streitbare Praktiken unterlässt und sich nachhaltigeren und sozialeren Werten öffnet, kehrt ihr zurück (wie nach einem sehr langen Streik sozusagen). Lasst euch nicht die Mär vom ewigen Wachstum aufbinden, auch nicht privat. Manchmal lohnt es sich, eine Weile oder auch für immer bescheidener zu leben, wenn man dafür in einem Umfeld arbeitet, das gut und zufriedenstellend ist.
- In euch steckt eines der größten ungesehenen Potenziale, um Unternehmen und vor allem Konzerne nachhaltiger

und fairer zu gestalten. Ohne eure Arbeitskraft kann kein Unternehmen funktionieren. Schließt euch am besten zusammen und werdet unbequem. Betriebsräte sind bekannt, wie wäre es mit einem Umweltrat? Und damit meine ich nicht die zahnlose Corporate-Social-Responsibility-Abteilung. Fordert die Geschäftsführung, das Top-Management, aber auch die Gesellschafter_innen auf, nachhaltig und fair zu handeln und eine Art hippokratischen Eid nach der oben vorgestellten Wirtschaftsversion abzulegen. Das Volk eines Unternehmens sind die Mitarbeiter_innen, und damit habt ihr einen unglaublich großen Einfluss!

Lehrkräfte/Professor_innen:

- Insbesondere bei den beliebtesten Studiengängen Betriebs- und Volkswirtschaftslehre muss der Lehrplan dringend überarbeitet werden. Über 200.000 junge Menschen werden jährlich mit einem veralteten und schädlichen Narrativ in die Wirtschaftswelt entlassen. Wir brauchen die verstärkte Integration alternativer Wohlstandsindikatoren in die Lehrpläne, mehr Methodenvielfalt, mehr Interdisziplinarität, mehr didaktische Qualität, eine demokratische Wirtschaftswissenschaft.[137] Menschen handeln nicht immer wie in ökonomischen Modellen, und die Tatsache, dass volkswirtschaftliche Kosten, die zum Beispiel durch die Verschlechterung von Böden entstehen, in den Rechenmodellen keine Rolle spielen, heißt nicht, dass sie nicht existieren. Echt mal: Das Letzte, was wir brauchen, sind noch

---

137 https://www.plurale-oekonomik.de/fileadmin/images/pdf/Impulspapier_2020/Impulspapier2020_Kurzversion.pdf

mehr BWL-Justusse mit hochgeklapptem Polohemdkragen, die sich nicht um die Auswirkungen des Kapitalismus scheren.

Medienmacher_innen/Journalist_innen:

- Überprüft, ob ihr überproportional Absencing-Mechanismen fördert.
- Überprüft, ob ihr genügend Stimmen zu Wort kommen lasst, die die echte Vielfalt auf unserer Welt repräsentieren.
- Überprüft, ob eure Berichterstattung überproportional ein negatives Menschenbild transportiert.
- Überprüft, ob eure Berichterstattung den gängigen Vorstellungen von Wirtschaft und Kapitalismus entspricht oder ob ihr auch mal ein neues Narrativ zu erzählen wagt.

Schüler_innen/Student_innen:

- Gründet! Man hat kaum was zu verlieren und eine Menge Zeit, egal, ob for-profit oder non-profit.
- Hinterfragt alle Theorien, die euch in der Schule oder Universität präsentiert werden, und schaut auch unbedingt in die jeweiligen Geschichtsbücher verschiedener Nationen, um ein möglichst vielfältiges Bild zu erhalten.
- Schließt euch einer lokalen Fridays-for-Future-Gruppe an oder werdet Teil vom Jugendrat Generationenstiftung.
- Fordert ein Wahlrecht ab 14 Jahren, denn ihr müsst zwar unsere Entscheidungen im Alter ausbaden, dürft aber aktuell nicht mitreden.
- Startet Petitionen, denn dafür gibt es kein Mindestalter.

Millionär_innen/Milliardär_innen:

- Mach dir bewusst, dass ein großer Teil deines Reichtums nur durch dich oder deine Vorfahren geschaffen werden konnte, weil die wahren Kosten für den Schaden an Mensch und Natur gar nicht oder nicht ausreichend bezahlt wurden. Ob aus Unwissenheit oder Absicht, spielt jetzt keine Rolle. Es ist aber nicht zu spät, noch Teil der Lösung zu werden, statt Teil des Problems zu bleiben.
- Divesting! Zieht euer Kapital aus klima- und biodiversitätsschädlichen Investments ab!
- Impact Investing: Investiert, gebt günstige Kredite oder spendet auch einfach nur an nachhaltige Unternehmen und Vorreiter_innen der neuen Wirtschaftswelt (nein, nicht an *einhorn*, wir haben, was wir brauchen – aber viele andere tolle Social-Start-ups wie *sirplus* oder *Africa green tec* freuen sich sicher!).
- Prüft eure Lobbyaktivitäten. Dienen diese ausschließlich eurem monetären Vorteil und verhindern dadurch Wettbewerb oder schaden gar Menschen in eurer Lieferkette oder der Natur? Dann stellt sie ein! Mittel- bis langfristig schadet ihr euch damit selbst.

Alle (Praxisübung):

Die Frage, wie eine gerechte Gesellschaft aussehen könnte nach Corona, kann man mit einem Gedankenexperiment des Philosophen John Rawl ziemlich gut ergründen: Lasst uns alle dazu den »Schleier des Nichtwissens« anlegen.

Schließt eure Augen und stellt euch vor, ihr hättet alle Macht, die Welt so zu verändern, wie ihr wollt, und eine neue

Gesellschaftsordnung zu erschaffen. Die einzige Bedingung: Wir wissen erst mal nicht, mit welchem Geschlecht, Hautfarbe, Religionszugehörigkeit, sozialen Status, Alter, Kinder, Beruf, Intelligenz, Vermögen, gesundheitlichem Zustand et cetera wir wieder in diese neue Ordnung zurückkehren dürfen. Wir könnten als Jeff Bezos wiederkommen, aber viel wahrscheinlicher ist, dass wir bei derzeit 7,6 Milliarden Menschen eher als Reisbäuerin in China oder Tagelöhner in Indien zurückkommen. Wie würdet ihr diese Welt unter dieser Bedingung gestalten? Lasst die Augen ein paar Minuten geschlossen und schreibt danach stichwortartig auf, wie diese Welt aussehen würde.

DANK

Es ist tatsächlich geschafft. Dass es dieses Buch jetzt gibt, entstanden in der wohl absurdesten Zeit des bisherigen Lebens für viele von uns, ist ein kleines Wunder, und viele tolle Menschen hatten ihren Anteil daran. Allen Beteiligten möchte ich an dieser Stelle von Herzen danken.

Danke, liebe Katharina, dass du mir Autoren-Anfänger in den Hintern getreten hast, endlich mal meine Insta-Stories zu *Unfuck the Economy* in Buchform zu gießen. Mehr als ein Jahr liegt deine erste Insta-Nachricht zurück, und seitdem hast du nicht aufgegeben, bis du schließlich deine Agentin Nora im April diesen Jahres dazu geholt hast und ihr alles Weitere in die Wege geleitet habt. Vor allem danke, dass du mich bei diesem Projekt an die Hand genommen hast und mit deinem neugierigen und kritischen Geist das Buch zurechtgeschliffen und strukturiert hast.

Ein Riesendanke geht auch an meine kleine Familie, insbesondere dir, liebe Susann, danke ich von Herzen! Ohne deine Rückendeckung und deine Unterstützung in dieser turbulenten Zeit, zunächst sogar ohne jeglichen Kita- oder Großeltern-Support, hätte ich gar nicht erst schreiben können. Da ich weiß, dass du selbst nicht weniger spannende Erfahrungen in deinem Leben als Gründerin und unermüdliche Kämpferin für die Rechte von Frauen gemacht hast, hast du mein Wort darauf, dass ich deinen Rücken auch freihalten werde bei deinem eigenen Buchprojekt (Stichwort *mental load*), was hoffentlich bald kommt ;)

Danke, lieber Philip, bester Mitgründer ever, für dein offenes Ohr in dieser Zeit und unsere geliebten Fight-&-Hug-Sessions zu diesem Buch. Ohne dich gäbe es diese unglaubliche Reise mit *einhorn* und damit unendliche persönliche Lernkurve nicht. Wir müssen hoffentlich nie wieder eine Firma gründen, aber wenn, würde ich es immer wieder mit dir machen. Danke auch für dein Verständnis, dass ich dieses Buch ohne dich geschrieben habe, obwohl wir eigentlich geplant hatten, es gemeinsam zu schreiben. Das war zwar auch schön, aber ich freue mich auch schon wieder darauf, das nächste crazy Projekt mit dir und anderen Gamechangern zu starten.

Danke, liebe Elisa für deinen großartigen kritischen und wachen Geist! Deine Kommentare, Ergänzungen, Vetos sowie Aufforderungen zu mehr Demut haben das Buch deutlich bereichert und lesenswerter gemacht. Liebe Buchverlage da draußen, schnappt euch Elisa und nehmt sie unter Vertrag. Von dieser Frau werden wir noch viel hören und lesen.

Danke, Linda und Maik für eure wertvollen Beiträge zu den *fairstainability* Themen im Buch und generell danke, liebe *einhörner,* dass ihr etwas so Großartiges wie *einhorn* mitaufgebaut habt, worüber ich, als eine Stimme von vielen, überhaupt schreiben konnte.

Danke, lieber Goldmann Verlag, dass ihr sofort an dieses Buch geglaubt habt und euch sogar getraut habt, diesen Buchtitel zu nehmen.

Riesendank auch an die vielen Autor_innen der vielen großartigen Bücher, ohne deren Ideen und Inspirationen dieses Buch ziemlich fad geworden wäre (siehe Lektüreliste).

Danke, liebe, liebe Claudine, lieber Otto, liebe Josie und Maja u.v.m. für die Gespräche, die mir geholfen haben, meine Businessblase zu verlassen und meinen Fokus auf andere Dinge zu richten.

Und danke dir, liebe/r Leser_in, dass du es bis hierher geschafft hast und uns deine wertvolle Zeit und Aufmerksamkeit geschenkt hast. Die Hoffnung ist groß, denn wo die Aufmerksamkeit hingeht, folgt auch die Energie.

LEKTÜRELISTE

Im Grunde gut: Eine neue Geschichte der Menschheit.
Von Rutger Bregman, erschienen im Rowohlt Verlag (2020)

Eine kurze Geschichte der Menschheit.
Von Yuval Noah Harari, erschienen in der Deutsche Verlags-Anstalt (2013)

King Cotton: Eine Globalgeschichte des Kapitalismus.
Von Sven Beckert, erschienen bei C.H. Beck (2014)

Unsere Welt neu denken: Eine Einladung.
Von Maja Göpel, erschienen bei Ullstein (2020)

Unsichtbare Frauen: Wie eine von Daten beherrschte Welt die Hälfte der
Bevölkerung ignoriert.
Von Caroline Criado-Perez, erschienen im btb Verlag (2020)

Die Diktatur der Konzerne: Wie globale Unternehmen uns schaden und
die Demokratie zerstören.
Von Thilo Bode, erschienen im Fischer Verlag (2018)

Reinventing Organizations: Ein Leitfaden zur Gestaltung sinnstiftender
Formen der Zusammenarbeit.
Von Frederic Laloux, erschienen im Verlag Franz Vahlen (2015)

Utopien für Realisten: Die Zeit ist reif für die 15-Stunden-Woche, offene
Grenzen und das bedingungslose Grundeinkommen
Von Rutger Bregman, erschienen im Rowohlt Verlag (2019)

New Work needs Inner Work: Ein Handbuch für Unternehmen auf dem
Weg zur Selbstorganisation.
Von Bettina Rollow und Joana Breidenbach, erschienen im Verlag Franz
Vahlen (2019)

Das Kapital des Staates: Eine andere Geschichte von Innovation und Wachstum.
Von Mariana Mazzucato, erschienen im Verlag Antje Kunstmann (2014)

Schulen im Aufbruch – Eine Anstiftung.
Von Margret Rasfeld und Stephan Breidenbach, erschienen im Kösel-Verlag (2014)

exit RACISM: rassismuskritisch denken lernen.
Von Tupoka Ogette, erschienen im Unrast-Verlag (2020)

Sprache und Sein.
Von Kübra Gümüşay, erschienen im Carl Hanser Verlag (2020)

Ihr habt keinen Plan, darum machen wir einen!: 10 Bedingungen für die Rettung unserer Zukunft.
Hrsg. vom *Jugendrat der Generationenstiftung*, erschienen im Karl Blessing Verlag (2019)

Warum nur ein Green New Deal unseren Planeten retten kann.
Von Naomi Klein, erschienen bei Hoffmann und Campe (2019)

Drawdown – der Plan: Wie wir die Erderwärmung umkehren können.
Von Paul Hawken, erschienen im Gütersloher Verlagshaus (2019)

DAVID gegen GOLIATH: Wir können Ökonomie besser.
Von Günter Faltin, erschienen bei Haufe (2019)

Essentials der Theorie U: Grundprinzipien und Anwendungen.
Von C. Otto Scharmer, erschienen im Carl-Auer-Verlag (2019)

Die Donut-Ökonomie: Endlich ein Wirtschaftsmodell, das den Planeten nicht zerstört.
Von Kate Raworth, erschienen im Carl Hanser Verlag (2018)

Um die ganze Welt des
GOLDMANN-*Sachbuch*-Programms
kennenzulernen, besuchen Sie uns doch
im Internet unter:

www.goldmann-verlag.de

Dort können Sie
    nach weiteren interessanten Büchern *stöbern*,
    Näheres über unsere *Autoren* erfahren,
    in *Leseproben* blättern, alle *Termine* zu Lesungen und
    Events finden und den *Newsletter* mit interessanten
    Neuigkeiten, Gewinnspielen etc. abonnieren.

Ein *Gesamtverzeichnis* aller Goldmann Bücher finden
Sie dort ebenfalls.

Sehen Sie sich auch unsere *Videos* auf YouTube an und
werden Sie ein *Facebook*-Fan des Goldmann Verlags!

www.goldmann-verlag.de
www.facebook.com/goldmannverlag